# ドイツの求職者基礎保障

―ハルツIVによる制度の仕組みと運用―

ブリジッテ・シュテック
ミカエル・コッセンス

田畑洋一監訳

学文社

DIE NEUORDNUNG VON ARBEITSLOSEN- UND SOZIALHILFE DURCH HARTZ IV
by Brigitte Steck/Michael Kossens. Copyright © 2005
Verlag C.H. Beck OHG. All rights reserved.
Japanese translation rights arranged with
Verlag C.H. Beck OHG
through The Asano Agency, Inc. in Tokyo.

# はしがき

　一般にはハルツⅣと呼ばれている「労働市場における現代的サービス事業のための第四法」は，フォルクスワーゲン社の人事部長ペーター・ハルツ博士を会長とするハルツ委員会により2002年夏に提案され，それが労働市場改革を実現する最終的な礎石となったのである。ハルツⅣ，すなわち失業扶助と社会扶助の統合は2005年1月1日，新社会法典第2編（SGB Ⅱ）により発効し，これにともない失業扶助は廃止され，代わりに失業手当Ⅱが導入され，就労可能な扶助受給者に対する就労促進が進められることになった。

　この間，「ハルツⅣ」は政治上の争点となった。労働組合や福祉団体など，実際にその対象となる多くのグループが，ハルツⅣと結びついた失業扶助の廃止に真っ向から抗議したのである。しかし，本書はハルツⅣに関連した政治的・社会的対立に照準を合わせたものではない。むしろ実務に携わる人々，すなわち弁護士・雇用者団体・労働組合・福祉団体ならびに学生たちが，新社会法典第2編の理解を確実に行えるようにするためのお手伝いをするつもりで編纂してある。

　編集者と著者は，図表や具体的な算出例を用いて新法を解説することに力点を置いているが，社会法典第2編に基づいて公布された施行細則がすでに存在する場合には，これら施行細則も検討対象としている。

*Brigitte Steck*
*Dr. Michael Kossens*

2005年2月

# 目　　次

はしがき　3

## 第1章　序　論 …………………………………………… 13

A．立法手続き　13
　Ⅰ．準備段階　13
　Ⅱ．法案／調整手続き　14
B．ハルツⅣ概観　16
　Ⅰ．従来の法的状況との比較　18
　Ⅱ．受給資格　19
　　1．就労可能性（就労能力）　20／2．扶助必要性　21／3．要扶助世帯　21
　Ⅲ．助成と要請の原則　22
　　1．要請　22／2．助成　22／3．満25歳未満の者に対する特例　24
　Ⅳ．奨励と制裁　24
　　1．就労奨励　24／2．制裁　25／3．就労要求可能性　26
　Ⅴ．所得および資産の算入　27
　Ⅵ．再就労給付　28
　Ⅶ．社会法典第2編による金銭給付　29
　　1．失業手当Ⅱ　30／2．社会手当　31／3．住居費　31／4．失業手当Ⅱに対する期間限定補助金　31／5．増加需要　32／6．就労手当　32／7．児童加算　33
　Ⅷ．社会保障　33

## 第2章　受給資格者の範囲 … 34

A．請求権保有者　34

　Ⅰ．要扶助世帯　35

　Ⅱ．需要の推定　36

　Ⅲ．除外要件　37

B．就労可能性（就労能力）　38

　Ⅰ．概念　38

　Ⅱ．稼働能力の査定　40

　Ⅲ．共同調停機関　41

　　1．人事　41／2．問題のあるケース　41

C．扶助必要性　45

　Ⅰ．概念　45

　Ⅱ．要扶助世帯　47

　　1．パートナー所得　47／2．子の所得　47

　Ⅲ．苛酷さに対する条項／貸付　48

　　1．苛酷さに対する条項　48／2．貸付　48

　Ⅳ．血族および姻族の所得　49

D．就労要求可能性　51

　Ⅰ．就労要求可能　52

　Ⅱ．就労要求不可能な事例　52

　　1．身体的，知的あるいは精神的な負担過重　52／2．特殊な身体的負担　52／3．子どもの養育を妨げる恐れ　53／4．家族の介護　54／5．その他の重大な理由　54

## 第3章　各種給付 … 56

A．生活費保障給付　56

　Ⅰ．新規則概観　56

　　1．社会法典第2編の新給付の範囲と内容　57／2．従来の法律と違う

　　　　　　　　　　　　　　　　　　　　　　目　次　7

　　　点　59

　Ⅱ．生活費保障のための通常給付　62

　　1．通常給付の目的と範囲　62／2．通常給付の支給額　63／3．失業手当Ⅱとしての通常給付　64／4．社会手当としての通常給付　66／5．通常基準額の調整　68／6．現物給付としての通常給付支給　68

　Ⅲ．増加需要給付　70

　　1．概説　70／2．妊婦に対する増加需要　71／3．独りで子育てをしている者に対する増加需要　72／4．扶助を必要とする障害者に対する増加需要　74／5．費用のかかる食事による増加需要　75／6．社会手当受給者に対する特別規定　76／7．増加需要加算の重複　77

　Ⅳ．住居と暖房のための給付　77

　　1．適切な住居費のための給付　78／2．適切な暖房費のための給付　83／3．不適切な住居費の引受　84／4．他の住居への引越　85／5．住居調達，賃貸保証金，引越費用のための支出　88／6．貸主またはその他の受け取る権利のある者への支払い　89／7．家賃負債の引受　89

　Ⅴ．一時需要に対する給付　90

　　1．家庭用器具を含む住居の初めての設備調度費　91／2．妊娠・出産時を含めて被服の初めての準備費　91／3．数日にわたる学校旅行　92／4．一時的給付の支給　92／5．経常的扶助受給がない場合の一時的給付　93

　Ⅵ．不可避の通常需要における貸付　95

　Ⅶ．貸付としての生活費保障給付支給　99

　Ⅷ．失業扶助受給後の期限付きの加算　100

　Ⅸ．付説：連邦児童手当法による児童加算　105

B．失業手当Ⅱ／社会手当の金額と算出　108

C．再就労のための給付　110

　Ⅰ．助成の原則　110

　Ⅱ．再就労協定　111

　　1．再就労協定の法的性質と形式　111／2．再就労協定の内容　112／

3．再就労協定の期間　113／4．再就労協定に代わる行政行為　113

　Ⅲ．再就労のための具体的な給付　113

　　　1．世話給付　118／2．債務者相談　118／3．心理社会的なケア　119／4．中毒に関する相談　119／5．第29条による就労手当　119／6．高齢者パートタイム法による給付　120

　Ⅳ．臨時労働　120

　　　1．失業者雇用対策　120／2．補償ヴァージョン　121／3．増加費用ヴァージョン　122／4．扶助必要性消滅時の貸付　130

　Ⅴ．給付支給　131

D．請求権および償還請求権，相続人の損害補償義務の移転　135

　Ⅰ．請求権の移転　136

　Ⅱ．償還請求権と相続人の損害補償義務　137


## 第4章　所得および資産の算入　139

A．所得の算入　139

　Ⅰ．概要　139

　Ⅱ．所得と資産の区分　140

　Ⅲ．税込み所得　141

　Ⅳ．考慮されない所得　144

　　　1．社会法典第2編による給付　144／2．補償の性格を持つ基本年金　144／3．ドイツ民法典第253条第2項による資産以外の損害補償　145／4．特別な目的に定められた収入　145／5．民間社会福祉事業の出捐　147／6．失業手当Ⅱ・社会手当条例に基づく例外　147／7．その他の法律による例外　148

　Ⅴ．活用され得ない資産　149

　Ⅵ．所得より控除すべき項目　150

　　　1．所得に応じて支払われた税金　150／2．強制加入社会保険の保険料　151／3．法律で定められた保険　151／4．適切な保険　151／5．リースター年金　152／6．必要経費／営業支出　152／7．就業者控除

（欄外番号495以下参照）　153／8．基本的に要扶助世帯における控除　153

　Ⅶ．所得の査定と評価　154

　Ⅷ．所得算入時機　155

B．資産の活用　158

　Ⅰ．資産概念　158

　Ⅱ．資産の換価可能性　159

　Ⅲ．控除項目　160

　　1．基礎控除額　160／2．老齢準備金（「リースター年金」）　161／3．その他の老齢準備対策　162／4．必要購入のための控除　163

　Ⅳ．考慮されない資産　163

　　1．家具　163／2．自動車　163／3．保険強制加入免除の場合の老齢準備金　164／4．不動産　164／5．障害者または要介護者の居住を目的とした不動産の入手および維持　165／6．非経済性／特別な苛酷さ　166／7．職業教育／生業　168

　Ⅴ．流通価格　168

# 第5章　制裁と追加収入の可能性 …………………………………… 170

A．奨励システム　170

　Ⅰ．就業手当　170

　Ⅱ．就業時の諸控除　171

　　1．失業扶助および社会扶助における従来の算入・控除規定　171／2．失業手当Ⅱにおける算入・控除規定　173／3．失業手当Ⅱにおける控除規定と失業扶助・社会扶助における控除規定の比較　174

B．制裁　176

　Ⅰ．失業手当Ⅱの減額と停止　177

　　1．第一段階の減額　178／2．度重なる義務不履行における第二段階の減額　180／3．その他の制裁　181／4．15歳以上25歳未満の就労可能で扶助を必要とする者に対する特別規定　182／5．「重要な理由」が

存在する場合に給付減額を行わないことについて　183／6．減額期間　184

Ⅱ．社会手当の減額と停止　185

## 第6章　社会保障 ……………………………………………………… 187

A．失業手当Ⅱ受給者の社会保障　187

　Ⅰ．法定健康保険　187

　　1．保険保護の開始　188／2．保険保護の終了　189／3．給付範囲と保険料　189

　Ⅱ．法定介護保険　190

　Ⅲ．法定年金保険　191

B．社会手当受給者の保障　192

C．保険加入義務免除の場合の保険料補助金　192

## 第7章　管　轄 ………………………………………………………… 194

A．概論　194

B．実施者の立場と任務に対する責任　196

　Ⅰ．連邦雇用エージェンシー　197

　Ⅱ．地方自治体　197

　Ⅲ．選択地方自治体　197

　Ⅳ．協議体　199

　　1．目的と任務　200／2．組織編成の法律上の可能性　201／3．社会扶助と失業手当から求職者基礎保障への移行　202／4．第三者の動員　205／5．2004年の行政費の引受　205／6．枠づけとなる継続的諸条件　207

　Ⅴ．第三者委託　210

## 第8章　協力義務と法的指示 ……………………………………………… 211

A．協力義務　211

　Ⅰ．扶助を必要とする者の義務　211

　　1．社会法典第1編第60条以下の一般協力義務　211／2．届出の一般義務（社会法典第3編第309, 310条に関連して社会法典第2編第59条以下）212／3．就労不可能時の届出義務　213／4．所得証明書の提出義務　214

　Ⅱ．扶助を必要とする者の雇用者・発注者の義務　214

　Ⅲ．第三者の義務　216

　Ⅳ．再就労給付における情報提供義務　217

　Ⅴ．データ収集についての経過規定　218

B．裁判上の方法　218

　Ⅰ．行政裁判権の元来の統一管轄権　219

　Ⅱ．行政裁判権と社会裁判権の分割された管轄権　220

　Ⅲ．社会裁判権の最終的に統一された管轄権　220

　Ⅳ．その他の規定の必要性とさらに進む法政策議論　221

　　1．社会裁判所法変更第7法　223／2．公法による各分野の裁判権の統合を巡る議論　223

Literaturverzeichnis　225

監訳者あとがき　229

索　引　231

# 第1章
# 序　論

## A．立法手続き

　ハルツⅣの目的は，新たな社会法典第2編において，就労可能で扶助を必要とする者に対する給付として，失業扶助と社会扶助とを統合した制度に再編することである。以後，新たな給付は失業手当Ⅱと呼ばれる。

### I．準備段階

　このプロジェクトのための準備はハルツ委員会と並行して活動していた，いわゆる地方自治体財政改革委員会において主に進められた（Alberの『失業手当と社会扶助の統合——効果的改革か組織編成の失敗か』，ニーダーザクセン行政機関誌2004，118ページ以降を参照）。2002年3月27日，連邦政府は悪化し続ける地方自治体の財政状態に直面して，地方自治体のためのこの「地方自治体財政改革委員会」を設置した。連邦大蔵大臣および連邦労働・社会秩序大臣（2002年の連邦選挙および連邦政府再編成の後は連邦経済雇用大臣）がその委員長のポストを占めていた。内閣の委員会設置決議に当たって，委員会に課せられた課題は，主として「地域団体のための営業税の将来ならびに異なる社会的所得移転システム，とりわけ失業扶助と社会扶助のより効率的な編成による経済効果」を調べることにあった。

　新しい給付の最も重要な目的は人々を労働市場へ適応させることである。新しい給付においては，就労可能な者と扶助を必要とする者すべてを対象にすべきとされた。また，就労可能で扶助を必要とする者と同じ要扶助世帯に生活し

ている就労不能な人々にも生活給付の機会が与えられるべきとされた。委員会では給付額についての合意は得られなかったが，新しい給付は少なくとも需要を充たすべきであるという点のみは合意された。基礎保障給付の基準については，社会扶助と同じように社会文化的な最低生活費が基準となるべきとされた。そのため基礎保障給付の査定システムは社会扶助に倣う必要があり，社会扶助はしたがって照準給付としての機能を持つことになる。同委員会の委員は給付の一括化を推し進め，税金から控除される最低生活費の引き上げは見送るべきである，との前提から議論を開始した。

## II. 法案／調整手続き

2003年9月11日，連邦政府ならびにキリスト教民主同盟・キリスト教社会同盟連邦議会連合は，失業扶助と社会扶助を統合するための法案を連邦議会に提出した（連邦議会印刷物 15/1516 または 15/1523, 1527）。キリスト教民主同盟・キリスト教社会同盟統治の州政府を代表して，ヘッセン州はキリスト教民主同盟・キリスト教社会同盟連邦議会連合と同じ文面の草案を，連邦参議院に提出した。多くの点で連邦政府の法案とキリスト教民主同盟・キリスト教社会同盟の提出した生存基盤法のための草稿は一致していたので，基本的骨格および多くの実質的問題においては当初から合意がみられた。どちらの草稿にも共通しているのは税金によってまかなわれている二つの扶助，失業扶助と社会扶助の

- 今日の社会扶助の水準での統合
- 新しい給付に対する連邦による将来的費用負担
- たとえ実際の管轄署が異なるとしても，統一された運営者（実施者）
- 扶助を求める者の負担で立証責任転換の導入，扶助を求める者は以後，なぜ就労しないのか，根拠のある理由を立証しなければならなくなる
- 受動的な給付受給者に対し，助成と要請をより強調すること
- 就労同意書の締結義務
- 度重なる労働拒否に対する制裁の強化

− 以前の失業扶助および社会扶助受給者に対する就労奨励の統一
  − 方法は異なっていても，社会保険における双方のグループの平等な取り扱い

である。

　両者の法案の大きな違いは実施者に関する問題にある。連邦政府の草案では新しい給付を連邦雇用エージェンシー（連邦雇用庁の改称）に移管する予定であった。これに対し，キリスト教民主同盟・キリスト教社会同盟連邦議会連合の法案は，社会扶助を管轄している地方自治体の管轄区域を利用して，新しい給付に対する管轄を基本的には地方自治体に委嘱する意向であった。同時に，各州間の財政調整のほかに，連邦と地方自治体間の継続的スライド式の負担調整を基本法を修正し憲法上保障することも考慮に入れていた。野党は，新しい給付の資金調達を基本的に連邦に割り当てたいという意見であったからである。

　その他，両者の法案の大きな違いは，キリスト教民主同盟・キリスト教社会同盟連邦議会連合の草稿は政府の草稿とは反対に，低賃金層の助成を予定している点にあった。ここで問題になるのは，国の保護給付受給資格を持たない低所得層に対する賃金加算である。この助成の新形式は，キリスト教民主同盟・キリスト教社会同盟連邦議会連合の生存基盤法の根幹を成すものであり，それはわずかな，あるいは乏しい専門教育しか受けていない人々にも新しい仕事を与えられるようにするためである。

　2003 年 12 月，連邦議会に代表を送っている党派のすべての総裁が史上初めてそろって交渉の席につくという画期的な調整手続き会議の終了後，地方自治体（郡および郡に属さない市）が望めば，実施を担うという選択肢を含むという妥協案で意見が一致した。しかし，通常の事例には連邦政府が提案したモデルが適用され，すなわち受動的金銭給付および労働市場への能動的適応給付は連邦雇用エージェンシーが実施し，住居費用および心理社会的サービスは地方自治体の実施となる。その際，扶助を必要とする者に扶助を提供する機関を一本化するために新設される現業の協議体において，連邦雇用エージェンシーと

地方自治体の双方の機関は協働すべきことになる。

　この選択肢に関する条項は原則ができあがったのみであったので，さらに連邦施行法が必要であった。この社会法典第2編による地方自治体実施選択肢法（地方自治体選択肢法，連邦議会印刷物 15/2816）は，非常に難しいさらなる調整手続きを経て，2004年6月30日にようやく完了した。今日では，全ドイツで計69の地方自治体に選択権が認められ，実験条項の枠内でそれが行使されている。

## B．ハルツⅣ概観

　ハルツⅣについてはここ数ヶ月間，広く民衆とメディアの関心を強くひきつけてきたのであるが，何年もの間，社会扶助に関連し何百万という人々にとって当たり前だった規定が問題になった（たとえば就労要求可能性，児童貯金通帳の活用）。

　経済成長が停滞し，失業者が多く発生する時代においては，大多数の人に関りのある規定が不透明であり，不当と受け取られるとき，それが感情的反応，ひいては激怒を呼ぶのは理解できることである。しかし，規定をもっと正確に見て，より理解を深めれば，新しい規程では以前の法律に比べて多くの点が改善されていることがわかる。従来の社会扶助受給者にとってハルツⅣは，通常基準額の実質的な改善ばかりでなく，法定年金保険，健康保険，介護保険への算入をももたらしている。さらに新しい法律は該当者グループの両方，つまり以前の社会扶助受給者および以前の失業手当受給者に対するケア，助成と要請，就労奨励の諸条件改善を行っている。

　就労が可能な者およびその家族に対する基礎保障給付の規定は，部分的には対立する諸要求に沿うようにされる必要がある。諸規定は，一時的に自助できない者に人間にふさわしい生活を可能にしなければならない。これらの人々を再び自己責任による存在へと導かなければならない。そしてこの生活保護シス

テムを維持するため，これらの費用を負担しなければならない人々に負担をかけすぎることがあってはならない。これ以上の実質的改善を望む者は，その要求の対象が副収入であろうと，資産枠であろうと，生活費給付であろうと，そこにかかる金銭は他人により調達されているということを知るべきである。連帯責任は両サイドに求められる。就労者は失業者に対する連帯責任を持つ。またその逆として，失業にかかる費用による全体の負担を極力抑えるために，失業者はそれ相応に寄与しなくてはならない。

　ハルツⅣは当然ながら，労働市場への再適応を目標として，以前の失業手当や社会扶助双方のシステムが実施してきたよりも，扶助受給者のケアにより重きを置いている。今までは，担当者が定期的かつ集中的に該当者と関る時間がないままに，人々に毎月支払うことしか配慮されていなかった。ハルツⅣはそれとは逆に，扶助受給者の社会復帰の優位性をはっきりと強調し（第3条第1項第3号），憲法で保障されている従来の社会扶助による実質的保護を減らすことなく，必要な役務を提供することになる。

　税金によってまかなわれている失業手当と社会扶助の二つの生活保護システムは，従来の社会扶助システムを参考とした新しい給付法に統一される。しかし活用できない資産についての規定など，いくつかの領域では反対に，従来の失業手当に沿っているばかりか，その規定を改善さえしている。生活費負担についての規定は従来の社会扶助を思わせるし，失業手当Ⅱや社会手当は以前の通常基準を思い起こさせる。就労要求可能性は，ハルツⅣでは以前の社会扶助と同じように定められているし，その上，住居費用の負担や臨時労働（いわゆる1€jobs）についての規定がある。失業手当から，換価できない（保護）資産についての規定が派生し，ハルツⅣでは従来の失業手当，何よりも以前の社会扶助に比べて，規定が明らかに改善された（老齢準備金として使われる資産が，たとえ《リースター制度により》助成されていなくても，初めて保護されるようになった）。失業手当や社会法典第3編からあらゆる適応措置のサービスが提供され，かつての社会扶助受給者もこれらの措置を利用することができる。

失業手当Ⅱに関する情報は雇用エージェンシーで，あるいはインターネットサイト www.arbeitsagentur.de，または連邦雇用エージェンシーホットライン 01801-012012 で入手できる。

## Ⅰ．従来の法的状況との比較

基本的には就労できるにもかかわらず，仕事がなく扶助を必要とする人々については，これまでさまざまな機関で支援が行われてきた。それは職業安定所であったり，または福祉事務所であったり，または両機関によるときもあった。この人たちは，金銭給付額が異なり，適応措置も違うという二つの異なるシステムから給付を受けていた。

- 従前の生業により失業手当請求権を得た失業者は，その終了後は職業安定所より失業扶助を受けていた。また職業安定所が新しい職探しに当たっても援助していた。
- 失業手当または失業扶助の請求権のない失業者は，福祉事務所から社会扶助および就労扶助を受給していた。
- 失業扶助または失業手当を受給しているものの，その金額が最低生活費を保障するには足りない失業者は，福祉事務所から補足的に社会扶助を受けていた（いわゆる「二階建て」）。

失業扶助は保険給付と福祉扶助的給付の中間的位置を占めていた。失業扶助は有効期間を過ぎた失業手当請求権を受け継ぐもので，期限付きの保険給付である失業手当とは違って，期限的制約はないが（引退するまで），困窮度により左右される給付である（ベッカー『失業手当Ⅱ―求職者基礎保障給付の統合体』，www.sozialpolitik.-aktuell.de 参照）。その給付額は社会扶助とは異なり，家計の需要ではなく，個人的給付として，最後に得られた手取りの労働報酬に関連していた。需要査定，すなわち所得と資産の算入ならびに就労要求可能性の基準が，社会扶助よりも緩やかであったことにも，その中間的立場が現れていた。

それにもかかわらず，失業扶助は社会扶助と同じように，税金によってまかなわれる福祉扶助的給付であり，保険給付ではなかった。

　政府自身の発表によれば，2003 年，連邦政府は約 165 億€を失業扶助に支出し，地方自治体はおよそ 95 億€を社会扶助として就労可能で扶助を必要とする者に費やしたという。この巨額の出費は，それでもなお該当者の扶助必要性をすみやかに克服するのには役立たなかった。失業扶助は平均 26 ヶ月にわたって支払われなければならず，社会扶助にいたっては平均 28 ヶ月間支払っていた。しかも失業期間が長くなるにつれて，対象者の就労復帰はますます難しくなる。2005 年の連邦政府の財政案によれば，社会法典第 2 編による給付に 245 億€の支出を見込み，そのうち 96 億 5 千万€が長期失業者の社会復帰および世話に当てられると見込んでいた。

　現段階にあっても，すでに職業安定所と福祉事務所が協働している地域や，個人相談担当者が誰をも熱心に世話している地域，また扶助必要性を引き起こす原因となる問題にあらゆる手段を用いて全面的に取り組んでいる地域では，よりよい結果を生んでいる。つまり，集中的なケア構想だけでも，ヨーロッパ近隣諸国の経験に現れているように，国の扶助に頼っている人々の数を大幅に減らすことができると考えられるのである。

## II．受給資格

　ハルツIVによる給付は，15 歳以上 65 歳未満で就労可能，すなわち通常の条件の下で毎日少なくとも 3 時間以上働くことが可能で，かつ扶助を必要とする者，つまり自己および自己と同一の要扶助世帯に生活する家族を，自己の所得または資産によってはまかなうことができないか，または十分にはまかなえない者を対象し，以後，彼らはこれを受給できるようになる（社会法典第 2 編第 7 条）。

　ハルツIVによる給付の対象から基本的にはずされるのは，65 歳以上の年金受給者，または基礎保障給付を受給している者（社会法典第 12 編に規定され

ている），他の法律による保護請求権（たとえば実務教育補助，連邦奨学資金法による奨学金）を有し現在教育を受けている青少年（社会法典第2編第7条第5項），6ヶ月以上の長期間入院施設に入所している者（社会法典第2編第7条第4項），社会法典第9編あるいは社会法典第12編による給付を通常受けている者，さらに難民資格取得者給付法に該当する者である。反対に，ドイツに通常の居所を持ち，ドイツの就労許可がある，あるいは取得できる外国人もまた社会法典第2編による請求権が認められている（社会法典第2編第8条第2項と関連して第7条第1項第1号）。その際，確認すべきは，労働許可法の諸規定により労働市場への門戸が開かれているかどうか，あるいは適切な国内労働力が得られない場合に，労働市場への参入が認められるかどうかである。

したがって，ハルツⅣは従来の社会扶助とは異なり，基本的に就労可能者のみを対象としている。継続して稼働能力が減退した者は年金，または社会法典第12編に編入した基礎保障給付を受ける。継続して稼動能力が減退したわけではないが，病気あるいは障害のためにある期間（約6ヶ月）の間就労できない者も同様に，ハルツⅣ（社会法典第2編）ではなく，社会法典第12編による給付を受けることになる。

## 1．就労可能性（就労能力）

したがって，稼働能力についての基準は決定的な重要性を持ち，年金法に準拠して社会法典第2編第8条に定義されている。それによれば，就労可能とは，当面の間疾病あるいは障害が理由で，一般的な労働市場に通常の条件で毎日最低3時間の就労ができない場合以外である。したがって，たとえば3歳未満の子どもがいて，独りで子育てをしている母親も就労可能とみなされ，社会法典第2編により請求権が認められる。この母親は，社会法典第2編による給付を受け，働いてもよいが，働かなくてはならないということはない。つまり，社会法典第2編第10条第1項第3号により，一般に3歳まで想定される子どもの養育が労働により脅かされる恐れのある場合には，就労受入不可能となるの

である。この女性にとって従来の連邦社会扶助法に比べて有利な点は，相談および世話に対する請求権があること，ならびに子どもの世話の紹介に際して優先権が法律で保証されていること（社会法典第2編第10条第1項第1号第3番）にある。

## 2．扶助必要性

　就労可能性の基準と並んで扶助必要性も決定的な意味を持つ（社会法典第2編第9条）。扶助が必要であるというのは，自己の生活費および自己と同一の要扶助世帯に生活する者の生活費を，自己の能力および資力，とりわけ無理のない仕事に就くことによって，または「算入すべき」所得や資産の活用によって，全くまたは十分にまかなうことができない状態のことである。ここにはパートナーの所得および資産だけでなく，社会給付や生活費給付に対する請求権の行使を優先するということが含まれる。しかし自己の所得および資産は，社会法典第2編による給付に対する請求権が発生するまでは全額活用しなくてもよく，その活用は一定の価値を超えた分に限る。資産は社会法典第2編第12条を適用して，社会法典第2編第11条の枠内での所得は保護される。つまり，所得については一定の特別控除額（社会法典第2編第30条）が認められており，これらの控除額は就労奨励として作用し，従来の失業手当や社会扶助のように，ごくわずかな控除額しか認めず，それを超えて働き甲斐がないというようなことはなく，月々税込みで1,500€の所得までは控除されるため，働き甲斐があるようになっている。社会法典第2編第11条による控除額のこの新たな段階付けによって，扶助受給者は独力で国から保護を受ける状態から脱せられる可能性を持つ。

## 3．要扶助世帯

　就労可能で扶助を必要とする者の他に，この者と同一要扶助世帯に暮らしている家族も社会法典第2編による給付を受ける（社会法典第2編第19条以下に

よる失業手当Ⅱ，または社会法典第2編第28条による社会手当）。この要扶助世帯に属するのは，継続的に別居していない配偶者または人生パートナー，18歳未満の子どもなどである。子どもが18歳に達すると同時に，たとえ同世帯で両親とともにさらに同居し続けるとしても，子どもは独立した要扶助世帯を形成していると見なされ，失業手当Ⅱに対する自分自身の請求権を持つようになる。このような構成になっているのは，18歳に達した青少年に管轄の雇用サービス局に対する請求権を保障し，要扶助世帯の枠内に「埋もれて」しまわないようにするためである。

## Ⅲ．助成と要請の原則

### 1．要請

就労可能で扶助を必要とする者，ならびにその者と同一要扶助世帯に同居している者は，扶助必要性を終了，または軽減するためのあらゆる可能性を利用し尽くす義務がある（社会法典第2編第2条第1項）。これらの人々は自らの責任において，生活費を自らの資力および能力でまかなうためのあらゆる可能性を利用しなくてはならず，そのためには，とりわけ自らの労働力を活用しなくてはならない（社会法典第2編第2条第2項）。さらに就労可能で扶助を必要とする者は，労働適応に有効なすべての措置に積極的に参加する義務がある。もし，それへの協力を拒否したり主体的参加を拒むようであれば，社会法典第2編第31条，第32条にあるように，制裁を受けるものと考えなくてはならない（生活費給付の中止と減額）。

### 2．助成

要請の対極にあるのが助成である（社会法典第2編第14条）。助成には，就労可能で扶助を必要とする誰もが，個人相談担当者またはケースマネージャーの支援およびケアを受けることも含まれる。担当者やマネージャーは，まず細部にわたる話し合いで扶助受給者の状況を扶助受給者と共に分析し，個人的目標

および目標達成のための方法を扶助受給者と一緒になって決める。この作業は，雇用サービス局と扶助受給者との就労同意書（社会法典第2編第15条）で行われ，連邦雇用サービス局がどのような措置を講ずるべきか，扶助受給者は自分で何を努力すべきか，この協定で定められる。扶助受給者が就労同意書を結ばなかったり，この就労同意書に取り入れられた義務を怠ったりした場合，給付が減じられることもある。ケースマネージャーは，具体的なケースにおいてどのような措置（第16条）において確実な成果が上げられるか，どの措置を講ずるべきかを決定する。ここでは，たとえば次のような措置を指す。優先目的としての一般労働市場への仲介，相談，トレーニング措置への参加，移転扶助，職業訓練の助成，再就労補助金，失業者雇用対策，個人または公共の事業での臨時労働（いわゆる1€jobs），斡旋券。

　社会法典第3編によるこれらの給付は，社会法典第2編（社会法典第2編第16条第1項参照）に示されているが，社会法典第2編の裁量給付による扶助受給者の場合，これらの給付が社会法典第3編において裁量給付として表記されているか，それとも法律上の請求権として表記されているか，という問題とは関係がない（社会法典第2編第3条第1項第1号）。個人相談担当者あるいはケースマネージャーは与えられた裁量権を行使するに当たり，社会法典第2編第3条第1項第2号に述べられている基準を守らなくてはならない。つまり適正な措置を選定するに当たっては，扶助を必要とする者の適性，その生活環境，および扶助が必要な期間の見込みがとくに重要になる。しかしどんな場合でも常に優先すべきなのは，直接に就労を可能にするような措置である（社会法典第2編第3条第1項第3号）。

　社会法典第2編により給付受給資格のある障害のある人々の場合は，少し事情が異なる。障害のある人々の労働生活参加助成のための給付の中には，条件を充たせば社会法典第2編の枠内で法律上の請求権となるものも，いくつかある（社会法典第2編第16条第1項第2号）。

　もし扶助受給者が職業生活に適応するのに必要であれば，列挙された措置の

他にも給付が支給される場合がある。ここにはたとえば，18歳未満の子どもの世話，家族の在宅介護，債務者相談や中毒相談などの心理社会サービス，あるいは運転免許資金援助などが含まれる（ここに挙げた給付の中には，社会法典第2編第6条第1項第1号第2番により，連邦雇用エージェンシーではなく，地方自治体管轄のものがいくつかある）。

### 3．満25歳未満の者に対する特例

満25歳未満の青少年に対しては特例が適用される（社会法典第2編第3条第2項）。この青少年たちには申請後遅滞なく仕事または職業教育，臨時労働を斡旋すべきである。職業教育を終了していず扶助を必要とする青少年に職業教育を斡旋できない場合には，斡旋する仕事または臨時労働もまた，その者の専門知識や能力の向上に役立つものでなければならない。雇用エージェンシーの斡旋義務に対して青少年には提供を受け入れる義務がある。もし青少年が受け入れなかった場合，彼に対する制裁が厳しくなる恐れがあり（社会法典第2編第31条第5項），金銭給付が全額中止され，青年の住居費用だけが支払われるが，この住居費用は定期的に直接貸主に支払うこともできる（社会法典第2編第22条第4項）。

## Ⅳ．奨励と制裁

### 1．就労奨励

生業（たとえそれが需要を充たさなくとも）の開始あるいは継続を奨励するために，以前のシステムに比べて有利な各種控除額が定められている。従来の社会扶助では，月に691€で限界線が引かれていたが，この改善により，たとえば従来の社会扶助の実態とは逆に，保護減額率が100％に達するのは，月々の税込みの所得がようやく1,500€を超えてからである。この控除額は，個々に算出された手取り所得額（社会法典第2編第11条第2項および第3項）に基づいており，控除額は税込み所得によって，それぞれ次のように3段階に分かれ

ている。

- 第1段階　税込み所得400€までは，その所得の手取り所得額の15パーセントの控除額が認められる。
- 第2段階　さらに税込み所得400.01から900€までは，その所得の手取り所得額の30パーセントの控除額が認められる。
- 第3段階　さらに税込み所得900.01から1500€までは，その所得の手取り所得額の15パーセントの控除額が認められる。

　扶助受給者は副収入からどのくらい「手許に残して」いいのか，ということがテーマとされることがあるが，この表現自体が誤解を招いている。実際には，生業に就いている扶助受給者は，報酬の全額を雇用者から受け取り，その全額が手許に残る。しかし，所得は社会法典第2編第11条に沿って，以前に確定された扶助需要に算入される。したがって扶助受給者は，雇用サービス局により減額された保護支給額を受ける。つまり，保護支給が算入可能な所得の分だけ減るのであって，所得が保護支給の分だけ減るのではない。

## 2．制裁

　助成と要請の原則を追求するには効果的制裁である。とりわけ無理の無い仕事あるいは職業教育，臨時労働，再就労措置を拒否する者には，第1段階として失業手当Ⅱが30％カットされる（およそ100€）。求職に際して自らのイニシアチブが欠ける場合も同様である。その上，扶助受給者が以前に失業手当を受給したことがある場合，その過渡期の間受給する社会法典第2編第24条による加算も中止される。このような場合には現物給付あるいは金銭換算価値のある給付が補足的に支給されることもある。重大な理由により，たとえば就労を拒否できる場合は給付の減額は行われない。社会法典第2編においての新規定によれば，役所が就労要求可能性を証明するのではなく，扶助受給者が就労受入不可能である重大な理由を証明しなくてはならない（社会法典第2編第31条第1項最終号「立証責任転換」）。

度重なる義務の不履行に対しては失業手当Ⅱがさらに30％カットされる（社会法典第2編第31条第3項）。このような場合には，住居および暖房のための費用もその対象になる可能性がある。比較的重大でない義務の不履行（たとえば連絡義務の不履行）に対しては，法律は10％のカットを定めている（社会法典第2編第31条第2項）。連邦経済雇用省の告知によれば，どの場合にも減額措置期間は3ヶ月間有効である。

満25歳未満の青少年が無理のない仕事あるいは職業教育，再就労措置，臨時労働を拒否すれば，3ヶ月の間金銭給付は受給できない。住居および暖房の費用はこの間，貸主に直接支払われる。しかし相談およびケア，すべての再就労措置給付はこの期間中も受けることができる。この場合も同様に，現物給付あるいは金銭換算価値のある給付が補足的に支給されることもある。

### 3．就労要求可能性

国の生活費給付請求権があるのは，すなわち自己の能力では自分および家族を養えない者に限られる。社会法典第2編第9条第1項第1号第1番により，扶助を必要とする者にはとくに，無理のない仕事である限り，いかなる仕事にも就く義務がある。ある仕事が以前の職業または受けた教育にふさわしくない，あるいは勤務地が以前の勤務地に比べて遠い，以前の仕事に比べて条件が悪い，というだけでは，その仕事が就労受入不可能ということにはならない（社会法典第2編第10条）。賃金率あるいは当地の標準的な報酬を下回る賃金支給も同様に，その支給が法律や風紀に反しない限り就労受入可能ということになる。

法律によれば，ある仕事が就労受入不可能であるということは，たとえば扶助を必要とする者にとって，その仕事が知的または精神的，身体的にできない場合またはその仕事により子どもの養育が脅かされる恐れのある場合（子どもが3歳になってからは基本的に認められなくなる），その仕事と家族の介護が両立し得ないような場合である。社会法典第2編第10条第1項第1号第3番によれば，自治体の実施者は就労可能で子育てをしている者が子どもの日中の

第 1 章 序　論　27

世話を優先的に受けられる施設が確保できるよう努めることを明白に義務付けている。しかし税金によってまかなわれ需要度に左右される給付においては，法律の定める特例以外は，当然に基本的に個人の利益や嗜好よりも公共の利益が優先されなくてはならない。

## V．所得および資産の算入

　法律では（社会法典第2編第12条），連邦法の規定により老齢準備金として助成されている（リースター年金）適切な範囲の資産部分は保有が認められている。従来の失業扶助とは異なり，この資産部分は一般控除額には算入されず，特例として認められている。そのほかに2003年以降の失業扶助と同じように，扶助を必要とする者およびそのパートナーに1歳当たり200€の年齢分，しかし最高限度額13,000€の現金資産の保有が認められている。1948年1月1日より前に生まれた者には信用保護規定が適用され，1歳あたり520€，しかし33,800€以下の保有が認められている現金資産額を請求することができる。この上に老齢準備金として，扶助を必要とする者とそのパートナーには1歳当たり200€の控除額が加わる。条件は，（たとえば生命保険の）所有者が契約による合意に基づき，定年前にこの保険を換金できないことである。

　保有が認められている資産に含まれるものには，さらに適切な住居，就労可能で扶助を必要とする者に1台ずつの自動車，適切な家具ならびに必要な購入用（たとえば洗濯機）の750€の控除額である。新しい求職者基礎保障給付では，通常基準が今までの社会扶助と比べてかなり包括化されている。従来の連邦社会扶助法に比べて今後は一時的給付はなくなり，一括して第20条による失業手当Ⅱの基準額に含めることになった。すなわち新法では，現金支給に認められる個人的扶助が旧法よりも少ない。ということは，被雇用者が皆そうしているように，扶助受給者もあらかじめ購入が必要な場合に備えておかなくてはならない。そのためにこそ，そのような準備金用の高い控除額が認められるのである。

所得に関する需要査定は，従来の連邦社会扶助法に沿っている。それにしたがって得られた所得から，まずさまざまな費目が引かれる。これらの費目は第11条第2項に明確に掲げられており，それぞれのケースにおいて確定するものである。しかし行政簡略化という理由で，第13条により連邦政府から公布された政令では，これらの費目は大幅に包括されている。第11条第2項に挙げられた税金や社会保険義務保険料，必要経費などの項目により扶助受給者に支払われるべき最終算定金額を減らすようなことがあってはならない。なぜなら，これらの項目はその各々の費用をまかなうのに扶助受給者にとって必要だからである。つまり，これらの金額は実際，扶助受給者には残らない。実際に扶助受給者に残されるのは，第30条に関連して第11条第2項第6番により権利のある控除額だけである。この本来の生業からの所得の算入における控除額は，従来の社会扶助および失業手当の実態に比べて上がった（第30条）。その目的は，就労奨励を強めることである。

離婚した配偶者に対する生活費遡求は，失業手当IIの福祉保護システムの後順位性のために可能である。これとは逆に，血族に対する生活費遡求は基本的には行われない（社会法典第2編第33条第2項）。例外なのは，18歳未満の扶助を必要とする者および25歳未満で初等教育を終了していない者の扶養請求権である。

## VI. 再就労給付

再就労のための給付は，扶助必要性の回避あるいは排除，期間の短縮・軽減にとって必要である限り，支給することができる。労働適応給付が必要かどうかは，ケースマネージャーが判断する。労働への再就労給付の決定に当たっては，それぞれのケースにおいて適性，個人的生活環境，とりわけ家庭環境，扶助必要期間の見込みおよび仕事へ復帰するために必要となる時間に留意すべきである。直接に就業を可能にするような措置が優先的にとられるべきである。

満25歳未満の就労可能で扶助を必要とする者には，基礎保障給付申請後，

遅滞なく仕事または職業教育，臨時労働を斡旋すべきである。職業教育を終了していなくて扶助を必要とする者に職業教育を斡旋できない場合には，斡旋する仕事または臨時労働もまた，その者の専門知識や能力の向上に役立つものであるべきである。生活費保障のための給付は，扶助必要性が他の方法で排除できない場合に限り支給することができる。

以下の給付を請求することができる。

- 斡旋
- 面接に関する必要経費および旅費の支給
- トレーニング措置への参加
- 移動扶助
- 職業発展教育の助成
- 障害者の労働生活参加の助成
- 再就労補助金
- 失業者雇用対策
- 組織適応対策
- 斡旋券

就労可能で扶助を必要とする者の職業生活適応のために必要であるならば，これら以外にもさらに必要な給付を支給することができる。ここに含まれるのは，とりわけ18歳未満の子どもまたは障害児の世話あるいは家族の在宅介護，債務者相談および中毒相談，そして心理社会的ケアである。これらの給付はいずれも法律上の請求権が生じない裁量給付である。

## Ⅶ. 社会法典第2編による金銭給付

就労可能で扶助を必要とする者があらゆる努力にもかかわらず，扶助が依然として必要であるときは，本人および本人と同一要扶助世帯で生活している者に対して生活費保障給付を支給する。就労可能で扶助を必要とする者は失業手当Ⅱを受け（社会法典第2編第20条），就労可能で扶助を必要とする者と同一要

扶助世帯に生活する就労不能で扶助を必要とする者は社会手当を受ける（社会法典第2編第28条）。これらの生活費保障のための給付はどちらも，原則的に社会扶助の水準に相応している。扶助を必要とする者は，原則的には連邦雇用エージェンシーと地方自治体が組織する協議体が交付する給付決定通知を受け取る。就労可能で扶助を必要とする者とその家族は，その需要を充たすに必要な給付を受けとる。失業手当Ⅱあるいは社会手当を受給する者にとって社会扶助に上乗せされた給付請求権は原則的にはなくなった。

### 1．失業手当Ⅱ

就労可能で扶助を必要とする者に対する生活費保障のための通常給付（社会法典第2編第20条）には，食物および保健衛生，家具，日常生活品などの需要の他に周りの世界との関係および文化的生活への参加も含まれている。通常給付は，経常需要と一時需要を包括する。したがって，社会法典第2編第20条第2項の通常基準（ベルリンを含む旧西ドイツは345€，旧東ドイツは331€）も連邦政府の計算によれば，社会扶助を受ける困窮者に一時的給付として支給していた額を統計的に算出し，通常基準を平均額の分だけ引き上げている。この点においては，個々に考慮された一時的給付請求権のあった従来の社会扶助に変更が生じた。今後は扶助受給者もすべての就労者と同じように，臨時に生じる消費（たとえば新しい洗濯機）に備え引き上げられた通常基準からお金を取っておき，この臨時消費をさらに購入のために別に保護された資産（社会法典第2編第12条第2項第4番）でまかなうよう期待されている。

通常基準全額（100％）に対する請求権は独身者ならびに独りで子育てをしている者，パートナーが18歳未満の者に認められる。失業手当Ⅱは期限なしで支給され（年金支給開始まで），一度に6ヶ月ずつ認められる。支給されるのは月の初めである（社会法典第2編第41条第1項）。通常給付はその年の7月1日に最新の年金値のパーセンテージ変更に合わせてその都度調整される。

## 2．社会手当

社会法典第2編第28条により，要扶助世帯の就労不可能な構成員は，通常基準の60％または80％の額である社会手当を受ける。法律によれば15歳から就労可能になるので，社会手当請求権は14歳まで，場合によっては15歳にも生じる。その後，子どもたちも同様に第20条第3項による失業手当Ⅱを受給するが，通常基準の80％の金額である。

## 3．住居費

住居費および暖房費は，適切である限り実額が支給される（社会法典第2編第22条）。扶助を必要とする者が住宅手当申請書を提出する必要はなくなった。適切な住居費および暖房費は地方自治体から支給される。家賃滞納分は，そうしなければ住居を失う恐れがあり，それによって具体的に予定されている就労が妨げられるかもしれないような場合には，地方自治体は貸付として支給することができる。

住居費の適切性は個々のケースの個人的状況（家族構成員数，年齢），用意された部屋数，当地の家賃相場および当地住宅市場の可能性にしたがって判断される。

扶助を必要とする者が住居費として給付された金額を他の目的に使い，したがって目的に沿って使用しない恐れがある時は，地方自治体は住居費を貸主に直接代理納付することもできる。

自分で使用する住居不動産の場合には，たとえば適切な負債利息，土地税，賃貸住宅と同様な雑費が住居費に含まれるが，償却定期支払分は含まれない。

## 4．失業手当Ⅱに対する期間限定補助金

失業手当から失業手当Ⅱへの移行は，2年間に限定された加算により徐々に行われる。1年目の加算額は次のとおりである。

● 独身者には最高160€まで

- 別居していない配偶者およびパートナーには合わせて最高320€まで
- 加算受給権のある者と同居している18歳未満の子どもには，一人当たり最高60€まで

2年目には加算額は半分になり，失業手当受給終了後2年目が経過するとともに中止される。注意しなければいけないのは，失業手当受給終了後「2年以内は」加算が支給される点である。つまり，2005年1月1日より後に失業手当から失業手当Ⅱに替わった者は，誰でも加算を2年「間」請求できるということである。しかし，たとえば失業手当金請求権が2004年9月30日で切れ，扶助を必要とする者が2004年10月1日から失業手当，2005年1月1日から失業手当Ⅱを受けている場合，この場合にも加算は失業手当金請求権終了時点から，つまり2004年10月1日から計算されるのであって，失業手当Ⅱの受給開始時からではない。

## 5．増加需要

通常給付により充たされない追加支出は，ある条件を満たしていれば支給することができる。たとえば妊娠時あるいは障害にあたっての増加需要額（社会法典第2編第21条）は，総額として通常基準に追加して支給される。このいわゆる「増加需要給付」としての総額は，通常給付の特定のパーセンテージから算出される。

## 6．就労手当

2005年1月1日より新しく定められたのが賃金補助金の可能性（「就労手当」，社会法典第2編第29条）である。就労可能で扶助を必要とする者が社会保険加入義務のある仕事または自営の仕事に就労し，その報酬が生活費をカバーするには不十分な場合，失業手当Ⅱに加えて受給することができる。就労を動機付けるために就労手当が必要かどうか，どの程度の金額が給付されるかは個人相談担当者が決める。この手当は最長24ヶ月まで支給することができる。この

就労手当に対し法律上の請求権は生じない。くわしくは法規命令により規定される。

### 7．児童加算

児童加算は，労働所得が自分たちの生活費（需要）には十分であるが，子どもたちの生活費には足りない両親に支給される。加算分は児童手当とともに支給される。このようにして，就労可能な両親が子どもの生活費のためだけに求職者基礎保障給付を申請しなければならない事態を防ぐ。したがって，特定の所得状況にある家族には，失業手当Ⅱおよび社会手当は関係がない。両親の営業所得が自分たちの失業手当Ⅱあるいは社会手当に対する需要を上回る場合は，その70％だけが児童加算に算入される。それによって，経済的にも労働奨励を生む。児童加算は連邦児童手当法改正の枠内で，2005年1月1日より導入される。

## Ⅷ．社会保障

就労可能で扶助を必要とする者は，家族保険の枠内で保険保護がその者に生じていない限り法定健康保険および社会介護保険に強制加入する。就労可能で扶助を必要とする者各人に，健康保険に総額125 €，介護保険に14.90 €の保険料が支払われている。

さらに就労可能で扶助を必要とする者は，法定年金保険に最低保険料ベースで強制加入している。従来の社会扶助受給者にとって，これは新しいことである。法定年金保険の保険加入義務のない失業手当Ⅱの受給者は，給付受給期間中，法定あるいは個人の養老保険に任意に支払われる保険料に対して補助金を受ける。

# 第2章
# 受給資格者の範囲

## A．請求権保有者

　求職者基礎保障給付に対する請求権については，社会法典第2編第2章にその基準が定められている。社会法典第2編第7条は，受給資格者の範囲を定めている。第7条第1項第1号によれば
- 15歳以上65歳未満で
- 就労可能で
- 扶助を必要とする
- 通常の居所がドイツ国内にある者

　法はここに就労可能な扶助受給者をまとめて取り上げているが，外国人がこれに該当するとすれば，それは労働許可法の規則に基づいて就労が認められているか，認められる可能性のある場合に限られる（社会法典第2編第7条第1項第2号，第8条第2項）。難民資格取得者給付法による給付受給資格のある者として，難民資格取得者および出国義務のある国外追放一時保留者は，求職者基礎保障給付を受けることができない。

　加えて，就労可能で扶助を必要とする者と同一の要扶助世帯に生活する就労不可能な扶助を必要とする者にも給付が支給される。しかしこの人々は失業手当Ⅱではなく，特定の条件の下で社会手当と呼ばれる金銭給付を受ける（社会法典第2編第28条参照）。反対に，社会法典第2編による現物給付およびサービス給付は，その給付により要扶助世帯の構成員の扶助必要性が解消または減少されるか，就労可能で扶助を必要とする者の労働適応に際し障害が除去また

## 受給資格者の範囲一覧

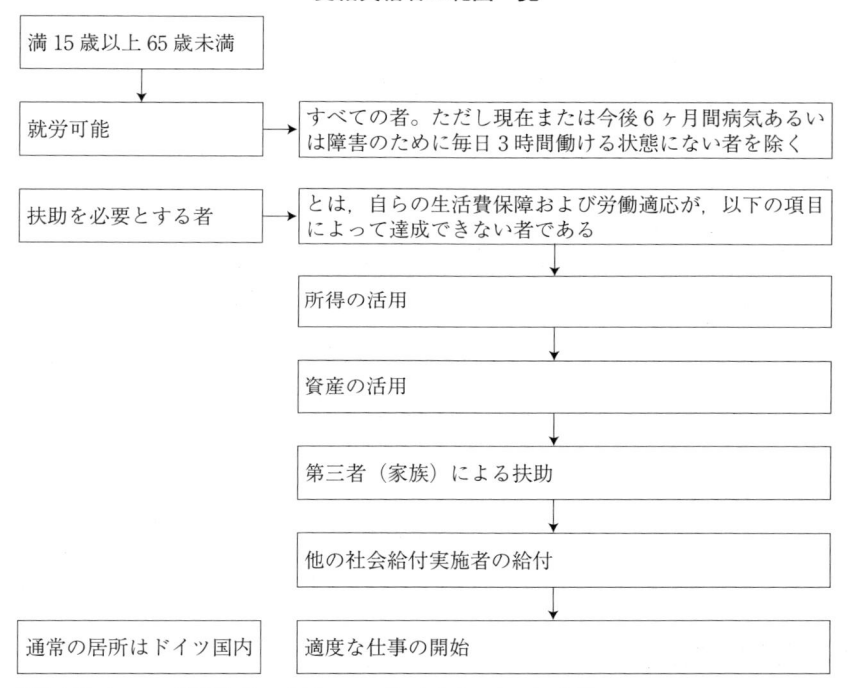

```
満15歳以上65歳未満
    ↓
就労可能 ────→ すべての者。ただし現在または今後6ヶ月間病気あるい
               は障害のために毎日3時間働ける状態にない者を除く
    ↓
扶助を必要とする者 ──→ とは，自らの生活費保障および労働適応が，以下の項目
                      によって達成できない者である
                         ↓
                      所得の活用
                         ↓
                      資産の活用
                         ↓
                      第三者（家族）による扶助
                         ↓
                      他の社会給付実施者の給付
                         ↓
通常の居所はドイツ国内   適度な仕事の開始
```

出典：Marburger, SGB Ⅱ-Grundsicherung für Arbeitsuchende, S.22

は減少される場合に限り支給される（社会法典第2編第7条）。

## Ⅰ．要扶助世帯

　要扶助世帯については，社会法典第2編第7条第3項に法的に表現されている。要扶助世帯の世帯構成員とは，就労可能で扶助を必要とする者自身（第1号），就労可能な要扶助者のパートナーで継続的に別居していない配偶者，婚姻擬似共同体のパートナーないし人生パートナー（第3号），就労可能な者の18歳未満の未婚の子ども（第4号）である。要扶助世帯という概念は扶助算定にとって重要である。なぜなら，民法の扶養請求権にも，社会法典第2編によ

る請求権があるかどうかにも関係なく，要扶助世帯のどの構成員にも，要扶助世帯の構成員全員の総需要を充たすために，自分の所得および資産を活用すること（しかし社会法典第2編第9条第2項参照），すなわち家族全員に等しく「ひとつの財布で」やりくりすることが期待されている。

社会法典第2編第38条に，就労可能で扶助を必要とする者が「いわゆる世帯主として」，要扶助世帯全体を代表して行動する全権を委ねられていることが規定されている（社会法典第2編第19条，第20条もあわせて参照のこと）。しかし，これは実際的な理由によるだけの話で，要扶助世帯の家族は誰でも自分の給付受給請求権を持つという事実に変わりはない。要扶助世帯内の個人は，誰もが扶助を必要としている（社会法典第2編第9条第2項第3号参照）。各々の特別なケースは別として，要扶助世帯は社会法典第2編でも第12編でも（社会法典第12編19条第1項，第43条第1項参照）同じように規制されている。したがって，同じ家族の中で一部は社会法典第2編，一部は社会法典第12編が適用されても問題は生じない。

## Ⅱ．需要の推定

社会扶助法（社会法典第12編第36条参照）と同様，社会法典第2編第9条第5項による需要の推定は，要扶助世帯とは区別して推定すべきである。要扶助世帯であると推定できるのは，血族および姻族が一つの世帯（居住共同体）を形成し，その経済的状況から扶助を必要とする家族が他の者から給付を受けると期待できる場合である。したがって世帯は要扶助世帯よりも範囲が広く，要扶助世帯と一つの世帯に同居する者すべてを含む。要扶助世帯と世帯の区別は，支給すべき住居費にとって重要である。

例　父，母，18歳未満の子，祖父が同一世帯で生活しており，祖父は老齢基礎保障給付を受給している。住居費は400€である。祖父は世帯には属しているが，要扶助世帯には属しているとはいえない。したがって，祖父に割り当

てられる家賃負担分の 100 €は，社会法典第 2 編によっては負担することができず，自治体実施者が老齢基礎保障の枠内で支払うべきである。

## III. 除外要件

社会法典第 2 編第 7 条第 4 項により，6 ヶ月より長い期間にわたって病院のような公共施設やホーム，あるいは類似の施設に常時滞在する見込みのある者は，求職者基礎保障給付を受けられない。裁判により命じられた自由剥奪執行（たとえば服役，勾留）のための施設も常時入所施設と同等に見なされる。老齢年金（その金額および受給開始年齢とは関係なく）を受給したとき，求職者基礎保障に対する受給請求権は消失する。老齢年金が需要を充たすのに不十分であれば，社会法典第 12 編による給付が社会扶助実施者を通して補足的に支給されねばならない。

連邦奨学資金法または社会法典第 3 編第 60 条から第 62 条により助成可能な職業教育を受ける者には，求職者基礎保障給付の受給請求権はない（社会法典第 2 編第 7 条第 5 項第 1 号）。したがって，たとえば両親の所得状況に基づいて実際に支払える金額であるかどうかは，ここでは問題ではない。職業教育を受ける者に対する助成可能性は，連邦奨学資金法第 2 条第 1 項に基づいており，学校施設（たとえば夜間学校，大学と専門大学）通学者を対象としている。社会法典第 3 編第 60 条から第 62 条には，国に認可された専門教育職業における企業または企業以外による初めての職業教育，就労準備のための教育措置，全部または一部分外国で実施される職業教育や教育措置などがまとめて規定されている。これらの教育は，職業教育補助により助成することができる。元へ戻る例外（すなわち職業教育を受ける者のための生活費保障給付に対する受給請求権）が社会法典第 2 編第 7 条第 6 項に成文化されている。

職業教育を受ける者に生活費保障のための給付受給請求権が生じないとしても特別に苛酷な状況においては，これらの給付を貸付として支払うことが可能である（社会法典第 2 編第 7 条第 5 項第 2 号）。これらの規定は，2004 年末まで

有効であった連邦社会扶助法（連邦社会扶助法第 26 条第 1 項第 2 号）を引き継ぎ，「特別に苛酷な状況」の存在としては，スムーズな教育課程の進行を妨げたり，その他の苦境を引き起こすような，普通ではなく，深刻で変則的な，できれば自ら招いたのではないという状況を必要とする。扶助を必要とする者が社会法典第 2 編による給付がなければ生存を脅かされるような苦境に陥る恐れがあり，教育を中止して就労したとしてもその苦境を排除できない場合も「特別な苛酷さ」と見なされる。行政裁判権裁判によれば，たとえば出産およびその後に続く子どもの世話のために教育が停止されたような場合「特別に苛酷な状況」と認められる。逆に，たとえば資金援助が追加されなければ経済的な理由で教育が中断されるような場合，苛酷な状況であるとはみなされない。

## B．就労可能性（就労能力）

### I．概念

　就労可能性の概念は，社会法典第 2 編第 8 条第 1 項に法的に定義されている。それによると「当面の間疾病あるいは障害が理由で，一般的な労働市場の通常の条件で毎日最低 3 時間就労することができない者以外の者」は就労可能となる。この規定は，年金法に定められている稼働能力の完全減退の概念を拠り所としている。したがって，社会法典第 6 編第 43 条第 2 項第 2 号によれば「予想できない期間にわたって，疾病あるいは障害が理由で，一般的な労働市場の通常の条件で毎日最低 3 時間就労することができない」被保険者は，稼働能力が完全に減退しているとみなしている。したがって，就労可能性は社会法典第 2 編内の中心概念であるばかりでなく，給付受給資格にとっては，社会法典第 2 編による求職者基礎保障給付に対するものか，社会法典第 6 編による法定年金保険に対するものか，社会法典第 12 編第 41 項以下の老齢および稼働能力の減退に際しての基礎保障に対するものか，あるいは社会法典第 12 編による社

会扶助に対するものか，という問題であり，それらの是非を決定する。

　立法手続きの過程で生じた社会法典第2編第8条第1項中の就労可能性の概念は，稼働能力完全減退の法的概念に依拠しているにもかかわらず，社会法典第2編による就労可能性の概念は独自の部分的には異なる発展をするのではないか，という違った見方もある（ムロチンスキー，社会扶助・社会法典のための雑誌2004，198および201ページ）。そのような異なる発展の可能性は否めないが，社会法典第2編第8条第1項が年金法を参考にするのは（社会法典第12編第41条第1項第2番の稼働能力減退に際しての基礎保障とは違って）不可能だった。なぜなら，社会法典第2編は就労可能性の規定を扱っているのに対し，年金法では反対にその裏側，つまり減退した稼働能力の定義を扱っているからである。

**就労可能性（稼働能力減退）の概念についての規定一覧表**

| 給付 | 就労可能性（稼働能力減退）が規定されている箇所 |
|---|---|
| 求職者基礎基本保障給付 | 社会法典第2編第8条第1項 |
| 法定年金保険給付 | 社会法典第6編第43条第2項 |
| 老齢および稼働能力の減退に際しての基礎保障給付 | 社会法典第12編第41条第1項第2号，社会法典第6編第43条第2項 |
| 社会扶助給付 | 社会法典第2編第8条第1項，社会法典第12編第21条第1号 |

　社会法典第2編第8条第2項は，外国人に対する特例を定めている。外国人は就労が許可されているか，許可される可能性のある場合に限り就労可能である。この特例は，外国人の就労は基本的に許可規制に関連するからである。就労可能性の存在についての決定に際しては一般的に，法的に労働市場への門戸が開かれているか，あるいは適切な国内労働力が得られない場合に開かれうるかどうか，だけに焦点を絞るべきである。このような制限のない，または後順位の労働市場への参加可能性が法律上与えられるかどうかという問題は，（この点に関しては社会法典第2編の効力に全く影響されない）労働許可法の規則

だけに左右される。

## Ⅱ．稼働能力の査定

　稼働能力の査定（および社会法典第2編第9条のさす扶助必要性）は，雇用エージェンシーが行う（社会法典第2編第44条a第1号）。給付実施者が連邦雇用エージェンシーではなく地方自治体実施者である場合も同様である。地方自治体実施者が雇用エージェンシーと意見を異にする場合は，共同調停機関が決定する（社会法典第2編第44条a第2号，第45条第1項第1号）。雇用エージェンシーと稼働能力完全減退の際に管轄すると見込まれる給付実施者，つまりまずは雇用エージェンシーと年金保険実施者との関係でも同じことが通用する。この際，調停機関の結論がでるまでは，雇用エージェンシーおよび地方自治体が求職者基礎保障給付を支給することが義務付けられている。

　このことは，途切れのない給付を保障するという原則に対応し，支給すべきなのは失業保険給付金か，年金なのかという問題に対する連邦雇用エージェンシーと年金保険間の関係においても，この原則は社会法典第3編第125条に記されている。雇用エージェンシーあるいは地方自治体実施者ではなく，年金保険実施者に給付義務があることが後から判明した場合には，前者には年金保険実施者に対する返還請求権がある。この請求権は，（社会法典第3編第125条とは違って）社会法典第2編第44条aでははっきりとは定められていないが，社会法典第10編第102条以下の一般規則から明らかであろう。

　共同調停機関に関する規則は，失業手当Ⅱに関するその他の規則と同様に2005年1月1日に発効した。しかし共同調停機関は，過渡的ケースにも重要になる。というのは，2004年12月31日に社会法典第3編第198条第2項第3号および第125条による失業手当（稼働能力減退の際における失業手当）が支給されたり，あるいは連邦社会扶助法による生活費扶助の受給者で15歳から65歳の間の者の稼働能力減退が原因の年金申請についてまだ決定されていない場合，共同調停機関は社会法典第2編第44条a第1号，第45条により，

依頼されたとみなされるからである。したがってこのような過渡的ケースの場合には，減退した稼働能力の存在に関する唯一の決定権が年金保険実施者の手から取り上げられる。

## Ⅲ. 共同調停機関

### 1．人事

　社会法典第2編第45条第1項第2号により共同調停機関は，双方の実施者から互選された委員長，および雇用エージェンシーと他の給付実施者の各代表により構成される。委員長について合意が得られない場合は，雇用エージェンシーの代表とその他の給付の実施者の責任者が，それぞれ6ヶ月交代で委員長となる（社会法典第2編第45条第1項第4号）。共同調停機関は必要に応じて専門家を加えることができる。またその決議は構成員の過半数で決められる（社会法典第2編第45条第2項第2号）。社会法典第2編第45条第3項は連邦経済雇用省に連邦大蔵省および連邦厚生省の了解を得て，法規命令により共同調停機関の任務について原則を決定する権限を与えている（社会法典第2編第45条第3項）。この政令権限により，2004年11月23日付の調停機関手続き政令（連邦官報Ⅰ 2,916ページ）が公布された。この政令ではポストや構成，管轄権，召集など調停機関会議の詳細について規定している。調停機関は，専門家と請求者を個人的に質問することができる。調停機関での手続きに関する費用は，雇用エージェンシーが負担する。なお調停機関手続き政令第8条には，調停機関の決定について定められており特別な意味がある。すなわち一致した決論が得られない限り，調停機関は過半数の議決により決定すること（調停機関手続き政令第8条第1項第2号），決定に関与している実施者にとって，調停機関の決定は拘束力を持つこと（調停機関手続き政令第8条第1項第5号）である。

### 2．問題のあるケース

　雇用エージェンシーが結果的に就労可能性（就労能力）を認め，年金保険実

施者の判断により該当者に稼働能力の減退が認められない場合，すなわち該当者が毎日6時間あるいはそれ以上の時間就労できる場合（次の一覧表4番目のケースグループ参照）は，雇用エージェンシーによる稼働能力の認定問題は生じない。

しかし該当者が年金保険実施者の判断により稼働能力が部分的に減退しているようなケース（次の一覧表2番目と3番目のケースグループ参照）は，問題となる可能性がある。このようなケースでは，雇用エージェンシーによる稼働能力の確定および失業手当Ⅱの支給に加えて稼働能力減退年金が部分的に支給される（たとえばチョイエツキー・クレンネ，ドイツ年金保険 2004, 513, 523 ページ，雇用エージェンシーが年金保険実施者よりも先に決定したら）。というのも，稼働能力の部分的な減退の存在は，必ずしも社会法典第2編第8条第1項のさす就労可能性の存在を排除するとは限らないからである。しかしこのような場合には，いわゆる労働市場に条件付けられた稼働能力減退年金に対する連邦社会保障裁判所の裁判が重要になることも考えられる（連邦社会保障裁判所判例集 30, 167 以下，連邦社会保障裁判所判例集 30, 192 以下，連邦社会保障裁判判例集 43, 75 以下）。これによって被保険者が限られた範囲で就労可能かどうかの判断にあたって，被保険者の健康上の障害程度ばかりではなく，労働市場のそのときの状況，すなわち被保険者がその残された能力で満たすことのできる就職先かどうか（いわゆる具体的考察方法）にも左右される。

被保険者に就職先がもはや見つからず，残された労働能力が毎日6時間未満に下がっていたら，完全な稼働能力減退を理由に労働市場に条件付けられた年金を受給することになる（社会法典第6編第43条第3項の逆の論理）。つまり社会法典第6編第43条第2項第1号第1番のいう「完全に稼働能力が減退した者」だけが稼働能力完全減退に基づく年金の受給請求権を持つのであり，その意味で彼は完全に稼働能力が減退していると解されることになる。しかし該当者の稼働能力が完全に減退していれば，社会法典第2編第8条第1項の意味において彼は就労可能ではないと解されることになる。こうした事態を背景にし

て雇用エージェンシーがこのような場合に，自身が給付義務を負わないようにするために，自ら決定を下す前に年金保険実施者を引き入れる（このことに関連して社会法典第2編第5条第3項第1号参照，それによれば必要な場合には，雇用エージェンシーは法定代理人として，扶助受給者に代わって稼動能力減退年金を申請できる）のは当然だと思われる。そうすれば，稼働能力の部分的減退が存在しながら失業手当Ⅱを受給するのは例外であり，該当者が稼働能力減退年金給付のための保険法上の前提条件（社会法典第6編第43条第2項第1号第2）を充たしていない，つまり，稼働能力減退が生じる直前の5年間に3年間保険のカバーする職業または仕事の強制加入がない場合にのみ考慮されることになろう。しかし，失業手当Ⅱ受給者の年金法上の保護を顧慮して（社会法典第6編第3条第1号第3番a，第166条第1項第2番aの改正参照），従来は年金法上保護されていなかった社会扶助受給者も稼働能力減退年金の全額給付に対する保険法上の前提条件を3年以内に満たすようになる。

　この背景の前に，遅くとも2008年までには失業保険から離れて年金保険へと向かう「新しい操車場」がすでに今日はっきり見えてきている（これに関連してシュペルブリンク，社会保障2004，164ページ以下の，失業手当Ⅱの受給者は将来早期に老齢年金に押しやられる可能性があるのかどうかという質問についても，参照のこと）。

**扶助を必要とする者の能力範囲一覧表**

| 一般労働市場における能力 | 社会法典第2編 | 社会法典第6編 |
| --- | --- | --- |
| 毎日3時間未満 | 就労不可能 | 稼働能力の完全減退 |
| 毎日3時間以上6時間未満 | 就労可能 | 稼働能力の部分的減退 |
| 毎日6時間以上，だが従来の職業では6時間未満 | 就労可能 | 稼働能力の部分的減退（就労不能，社会法典第6編第240条） |
| 毎日6時間以上 | 就労可能 | 稼働能力の減退なし |

　逆に，雇用エージェンシーが求職者の就労可能性およびそれとともに求職者自身の能力を否定する場合，他の給付実施者に管轄権がある。考慮されるのは，

稼働能力の完全減退に基づく年金保険実施者による年金（前出の一覧表1番目の ケースグループ参照），あるいは老齢および稼働能力減退に際する基礎保障に対する請求権（社会法典第12編第41条から第46条），社会扶助実施者による生活費扶助に対する請求権（社会法典第12編第27条以下）である。稼働能力減退年金全額給付のための保険法上の前提条件が存在しない，または稼働能力の減退が不特定の期間（6ヶ月よりも長くない期間）にわたって存在しない場合は，いつでも社会扶助実施者に管轄権がある。したがって，雇用エージェンシーから就労が可能ではないと分類された18歳以上の扶助を必要とする者の大多数にとって，就労可能性（正確には稼動能力の完全減退）について認定すべきなのは年金保険実施者である。年金保険実施者は自身の管轄で，管轄社会扶助実施者の要請に応じて，稼働能力減退の際の各種基礎保障給付を顧慮して，稼働能力の存在を査定すべきだからである（社会法典第12編第45条，社会法典第6編第109条a第2項）。

　このような背景の下で立法手続きにおいて，年金保険実施者側から，場合によっては雇用エージェンシーの求めに応じて，就労可能性の確定をも年金保険実施者に委託するよう要請があった。そうすれば，年金保険実施者と連邦雇用エージェンシー間の異なる社会医学的判定ケースも，行政協定をベースとした合意の過程で一致して解決することができよう。減少した稼働能力に基づく年金と失業手当との間の区分のために，そのような協定がすでにある（被保険者の年金保険実施者および雇用エージェンシーそれぞれによる異なる能力判定，ならびに二重診察を避けるための行政協定）。

　これでは共同調停機関での手続きは要らなかったことになる（チョイエツキー・クレンネ，ドイツ年金保険2004，513，524ページ）。しかしこの年金保険の批判を立法機関は取り上げなかった。そのようなわけで雇用エージェンシーと主に年金保険実施者との間で異なる医学的事情にあたり，共同調停機関が実際にどのように真価を発揮するか，一致した結論を得るために努めるという任務をどのように果たすかについては，今後を待つべきであろう。年金保険実施者がす

でに稼働能力の完全な減退は認められない，という結論を疑問の余地なく下したような場合，雇用エージェンシーによって調停機関が，そのような決定を個々の場合に訂正し就労可能性を認めるかどうかは今後を待つべきだろう。どのみち調停機関は，年金保険実施者の決定に拘束されない。ということは，調停機関はいつでも年金保険実施者の決定を調べることができる。そのような調査が排除されるのは，年金保険実施者の決定が確定判決により立証された場合に限る（このことに対し調停機関手続き政令草案第8条第3項，連邦議会印刷物759/04参照）。調停機関の決定は関与している給付実施者にとって拘束力を持つ（調停機関手続き政令第8条第1項第5号）。したがって関与する給付実施者には，決定に対して告訴する可能性はない。決定の調査は，申請者の申請に応じて，または上訴手続きにおいて管轄裁判所により行われる場合に限るからである。いずれにせよ，調停機関においては該当者に負担をかけ，官僚的で膨大な時間のかかる手続きは避けられない恐れがある（ヘラー・シュトースベルク，DAngVers. 2004, 100, 106ページ）。

# C. 扶助必要性

## I. 概念

社会法典第2編による給付を受給する資格のある者とは，社会法典第2編第7条第1項によれば，まずは「扶助を必要とする」者に限られる。これは，「自己の生活費および労働への適応，自分と同一の要扶助世帯に生活する者の生活費を自己の能力および資力によっては保証できない，または十分には保証出来ない」者である（社会法典第2編第9条第1項）。

「自己の能力および資力」に含まれるのは，とりわけ

- 就労要求可能な仕事の開始（社会法典第2編第10条），従来の社会扶助のように，基本的にはどの仕事も就労要求可能である。

● 所得（社会法典第2編第11条）および資産（社会法典第2編第12条）の活用．扶助を必要とする者は，基本的に自己または家族の生活費をカバーするために自分の得た収入はすべて活用しなくてはならない。

　要扶助世帯の誰もが自分およびその家族の生活費に寄与する義務を負う，ということが法律の表現から明らかである。働いたことのない主婦といえども，夫あるいは彼女が社会扶助第2編による受給請求権を主張するならば，夫と同じように所得および資産を活用する義務または無理のない適当な仕事に就く義務がある。

　要扶助世帯において自らの所得では両親の需要しか充たせない場合，子どもには連邦児童手当法第6条による児童加算に対する請求権が発生する可能性がある。その場合，社会法典第2編による給付受給請求権は生じない。

　たとえば得られる所得が需要額よりも少ないという理由で自己およびその要扶助世帯の需要を自分では「十分には」充たせない者，すなわち部分的にのみ扶助を必要とする者にも（部分的）請求権がある。扶助を必要とする者には，この場合，社会法典第2編による上乗せ扶助に対する請求権が生じる。

　扶助必要性はこの他にも「必要な扶助が他から，とりわけ家族や他の社会給付実施者から支給されない」ことを前提とする。どのような形式で給付が支給されるか，法律上の扶養義務に基づいているのか，それとも任意なのかはここでは問題ではない。扶助を必要とする者の要扶助世帯（社会法典第2編第7条第3項）には属していないが，同じ世帯に生活している血族からの給付は考慮すべきである。これらの給付は，たとえば住居や食事といった形で供給されうる。

　複数の者が一つの家族のように同居し，家計を共にする（住居共同体および経済共同体）場合には，世帯を想定できる。一つの住居に同居してはいるが家計が独立し分かれている場合には，世帯は存在しない（たとえば転貸借関係，学生の住居共同体，雇用主の住居準備）。

　扶助を必要とする者が，たとえば無料の住居や食事ならびにその他の給付，たとえば衣類，小遣いなどを得ており，需要を充たすには十分である場合には

扶助必要性はなく，したがって社会法典第2編による受給請求権も生じない。

例　40歳の女性で扶助を必要とする者は，両親と同世帯に同居している。彼女は両親から無料の住居と無料の（全）食事を得ている。この場合，住居費は生じないので，この女性は住居費を得られない。通常給付（345 € ないしは331 €）は食事の分だけ減額される。

## Ⅱ．要扶助世帯

社会法典第2編第9条第1項によれば，すなわち，要扶助世帯の構成員は誰でも自分の所得および資産を要扶助世帯の家族全体のために活用する義務がある。世帯には属しているが要扶助世帯には属していない者の所得および資産は，社会法典第2編第9条第5項の前提条件の下でのみ考慮すべきである。誰が要扶助世帯の構成員かについては，社会法典第2編第7条第3項により明らかである。

### 1．パートナー所得

社会法典第2編第9条第2項によりパートナーの所得および資産は，要扶助世帯に属する18歳未満で独身の子ども全員の需要にも算入すべきであり，共通の子どもかそうでないかは関係がない。ドイツ民法典による扶養請求権の規定は，この点においては関連していない。

### 2．子の所得

18歳未満で独身の子どもの所得および資産は，それとは逆に両親の需要には算入されない。もし18歳未満で独身の子どもが両親と同じ要扶助世帯に属していない場合は，子において（両）親の所得および資産は，社会法典第2編第9条第2項により考慮されない。子どもが妊娠している，または自分の子どもの世話をしていて，この子どもが6歳未満である場合にも両親の所得および資産は考慮されない（社会法典第2編第9条第3項）。社会法典第2編第9条第

5項の推量においても片親のパートナーの所得および資産にもこのことは該当する。

## Ⅲ．苛酷さに対する条項／貸付

資産（社会法典第2編第12条）は確かに基本的に考慮すべきではあるが，ふさわしい活用が実際すぐには不可能だったり，扶助を必要とする者にとって，即座の換価が特別な苛酷さを意味するような場合，社会法典第2編による生活費保障のための各種の給付は，貸付として支給することができる。

たとえば考慮できる不動産の売却に一定の時間が必要だったり，共同相続財産の遺産分割がまだ終らなかったり，投資や保険価額が金融機関や保険会社からすぐに払い戻してもらえない場合，資産は即座に換金可能ではない。

### 1．苛酷さに対する条項

社会法典第2編第9条第4項による特別な苛酷さは，たとえば申請にあたって資産価値の活用が社会法典第2編第12条により期待できるが，予測可能な期間の後に扶助を必要とする者により高い収益が見込まれる（たとえば報奨金付き貯蓄，まもなく満期になる生命保険，土地が開発予定地区になることが明白である）場合に存在する。同様に，一時的に過ぎない扶助必要性が予想される（たとえば間もなく就労する場合）ならば，価値の高い資産（たとえば土地）の即座の（しかし期待可能な）売却は見合わせるべきである。実際の資産の任意処理までは，その時までに需要が先送りできない場合，扶助必要性が生じる。

### 2．貸付

貸付は無利息で与えられ，社会法典第2編第3章第2部によるすべての給付を網羅している。算出された需要額が毎月支給される。貸付期間中は扶助を必要とする者には，社会保険加入義務がない（社会法典第5編第5条第1項第2号a，第3条第3号a，社会法典第11編第20条第1項第2号a）。保険保護が他の方法で

(たとえば雇用関係や家族保険に基づいて) 保証されない場合には，任意の健康保険および介護保険の保険料を証明された金額で，同様に貸付として支給することができる。貸付保証として扶助を必要とする者に満期になった資産価値の譲渡が，与えられた貸付の金額で求められることもある。貸付は，資産の換価後すぐにまとめて返済されねばならない。

## Ⅳ．血族および姻族の所得

　社会法典第2編第9条第5項により，血族あるいは姻族と同じ世帯に生活している扶助を必要とする者は，血族あるいは姻族の所得および資産から期待できる限り彼らから生活費給付を受けている，と法的には推測される。一つの世帯に同居する血族および姻族は，ドイツ民法典に扶養義務がないにもかかわらず，経済的可能性の枠内でお互いに助け合う，というのが法律が想定する事実である。世帯の中では家族非常共同体の考えに相応して，お互い助け合う道徳上の義務が生じる，ということが前提となっている。

　推測規定の前提条件は，血族および姻族との世帯内同居と家族の給付能力である。ドイツ民法典第1589条によれば血族とは，一方が他方に由来する人々（たとえば両親と子ども，祖父母と孫），あるいは同じ第三者に由来する人々（たとえば兄弟姉妹，おばと姪）である。ドイツ民法典第1590条第1項第1号によれば，一方の配偶者の血族は他方の配偶者と姻戚関係にある（義父母，継子）。登録された人生パートナーの血族も，人生パートナーシップ法第11条第2項により，他方の人生パートナーと姻族関係にあると見なされる。

　配偶者および登録された人生パートナーは，お互いに血族関係にも姻族関係にもない。したがって，社会法典第2編第9条第5項の推測規定には網羅されていない。しかしながら継続的に別居していないパートナーは，同一世帯に同居する18歳未満の継子と義理の親のように，一つの要扶助世帯を形成する。

　血族あるいは姻族の，社会法典第2編第9条第5項のさす給付能力が，血族あるいは姻族による給付支給の法的推測に対し前提条件となる。しかし，存在

する事実と説明から，現前の給付能力をもってしても，それによって生じた給付支給の推測が否定されたとみなさなければならないことが，すでに予測できる場合には，給付能力の査定を放棄することができる。

　扶助を求める者に対しその家族に法的に扶養義務がない場合は，他の情報によりその信頼性が疑われない限り，その家族は給付を行わないか，または一定の範囲に限って行うという，家族による相応の書面の説明で十分である。

　血族または姻族に期待できる給付の範囲は，その血族または姻族およびその扶養義務のある家族に認められる自家需要の金額による。18歳以上の子どもに対する児童手当は，子どもに支給されていない限り，基本的に児童手当受給有資格者の所得として考慮される。

　扶助を必要とする者と同世帯に生活している血族または姻族が給付可能な限り，給付支給の法的推測が生じる。この推測は反証により否定することができる。

　個々のケースの具体的状況により，血族あるいは姻族が同世帯に同居する扶助を必要とする者に対し，その生活費給付を実際に給付しない，またはある一定の範囲を超えて給付しない，ということが十分な確実さで確定する場合に限り，法的推測は否定されたものと見なすことができる。法外な証拠の要求によって，推測の否定が難しくなることがあってはならない。実際に証明できるよりも多くの証拠を扶助を必要とする者から望むことはできない。

　扶助を求める者に対しその家族に扶養義務がない場合は，他の情報により説明の信頼性が疑われない限り，家族による相応の書面の説明で十分である。扶助を必要とする者は給付または十分な給付を受けていないという当人および家族の主張だけでは，とくに家族でも扶養義務のある扶助を必要とする者の親である場合は，推測の論破には不十分である。このような場合には，推測の否定に厳しい要求を求めるべきである。なぜなら，一方では両親が子どもを援助するという人生経験にかなっているし，他方では両親の扶養義務を顧慮すべきだからである。推測を否定するためには，さらに納得できて，調査することがで

きる事実関係が提示されなければならない。

　ドイツ民法典第1603条第2項第2号にある強化扶養義務のケースでは，確定された給付能力の枠内にある推量は，基本的に否定できないものとみなされる。

　現存する給付の推測が否定されたと見なしうるかどうかについての考慮の枠内で個々の事情の特殊性を適切に尊重すべきである。家族を引き合いに出すことが，とりわけ家庭の平和の破壊やあるいは世帯の崩壊につながることがあってはならない。

　推測が反証によって否定されない場合は，扶助を求める者は必要な扶助のすべてまたは一部を他人から受けるので，社会法典第2編第9条第1項によりこの点では扶助必要性は認められない。

## D．就労要求可能性

　どのような条件の下にある仕事が就労要求可能であるか，または就労要求不可能であるのか，という規定は，従来の社会扶助に基づいている（連邦社会扶助法第18条）。就労可能な者に対する要求は，従来の失業手当よりも厳しくなっている。「就労可能な者に対しては，基本的にどの生業も受入可能である。なぜなら彼には，扶助必要性による一般社会への負担を軽くする義務があるからである」（これが法律的理由である）。

　過去に社会扶助法に関して下された判決が新しい規則に広範囲にわたって引き継がれるのは，最もなことである。基本的には今後も従来の社会扶助と同じようにどの仕事も期待可能であるが，従来の失業手当とは違い，職業保護あるいは所得保護はない（これまでの失業手当では，申請者のそれまでの職業と所得に準ずるような仕事が受け入れ可能とされてきた）。

　期待可能性に関する規定は，一般労働市場における通常の労働に関して有効であるばかりでなく，第16条による労働適応措置に関しても有効である（社会

法典第2編第10条第3項参照)。

## I. 就労要求可能

社会法典第2編第10条第2項第1号は，ある仕事が扶助を必要とする者の以前の教育や仕事にふさわしくない，あるいは低く評価されているという理由だけでは，その仕事が受入不可能だということにはならない，とはっきり明文化されている（第2号）。さらに，以前の仕事に比べて職場へのより遠い通勤距離や不利な労働条件も，受入可能の範疇であることが明らかにされている（第3号，第4号）。

## II. 就労要求不可能な事例

### 1. 身体的，知的あるいは精神的な負担過重

扶助を必要とする者にとって「身体的，知的，精神的に」不可能な仕事は，すべて就労要求不可能である。連邦社会扶助法第18条第3項の旧規定に対し，「精神的」という特徴が付け加えられている。これをどう解釈すべきかは，立法の理由（連邦議会印刷物 15/1516）には説明されていない。しかし精神的な理由で不可能であると拒否できる仕事は（いつも引き合いに出されるが，あくまで理論上の話である），売春婦としての求人の例くらいである。「身体的」および「知的」適性は，場合によっては医師または国立医療施設の医師の鑑定により確定すべきである。

### 2. 特殊な身体的負担

以前の仕事に特別な身体的能力が必要とされるために，以前の本業への将来復帰を非常に難かしくするような仕事もまた就労要求不可能である。この規則も同様に社会扶助により知られた規定を受け継いでいる。この規定のさすのは，主に自営業者が一時的な苦境に陥ったケースであった。従来の法的状況によれば，一時的困窮が理由で自営業者に，その営業をやめて短期間被雇用者として

第2章　受給資格者の範囲

の仕事に就労するよう期待してはならない。いまや社会法典第2編第10条第1項第2号ではこのような例外は，従来の仕事に特別な「身体的能力が必要」とされるために従来の仕事が非常に難しくなるようなケースに限られるようになった。したがってこの規定の適用範囲は，以前の社会扶助法よりも著しく狭められたことになろう。該当するのは，たとえば建築現場での仕事をダンサーに期待できない場合で，なぜならこの仕事を受ければ，彼のダンサーとしての本来の仕事が身体的な理由（特別な柔軟性の喪失）により，もはや不可能となるであろうという理由からである。

### 3．子どもの養育を妨げる恐れ

　子どもの養育を脅かす恐れのある仕事もまた就労要求不可能である。しかしこの場合の受入れ不可能性が基本的に有効なのは，子どもが満3歳になるまでの間だけである。その後は子どもに「保育施設または昼間在宅養育…あるいはその他の方法で，世話が保証されている」限り，基本的に期待できるものとみなされる。従来の実態と大きく違い，該当する母親にとっては明らかな改善であるのは，女性が望めば（たとえば子どもの世話が保障されたという理由で），いつでも，たとえ子どもがまだ3歳になっていなくとも働くことができ，ケースマネージャーによる援助ならびに第16条による全給付を請求できる，という点である。その上さらに法律では，子どもが満3歳になった場合について就労可能で子育てをしている者が子どもの日中の世話を優先的に受けられるよう管轄地方自治体実施者は努めるべきである，ということを明らかにしている。

　この規定もまた広範囲にわたって従来の連邦社会扶助法の法的状況に対応している。この規定によれば，子どもが複数いる場合は，一番年下の子どもの年齢が決定的である。一世帯の中で両親のどちらも失業している場合は，まず二人とも就労可能であるとみなされ，仕事を始める用意がなければならない。両親のうち一人が就労するとすぐに，この就労者は世話をする者としては考慮されなくなるので，両親のうち残った方は就労受入れ不可能性を理由に求人が提

供されても断ることができる。

　子どもが満3歳に達した後は子育てをする者にとって，自身の労働力の活用は受入れ可能である，という基準となる推量からはずれることが個々のケースの状況により正当である場合にはそうすべきである。たとえば，適切な子どもの世話が得られない場合などである。

### 4．家族の介護

　最後に，家族の介護と両立できないような仕事は，他の方法により介護が保証できない場合，就労要求不可能である。この際，家族という概念は広く解釈すべきである。ともかくも，社会扶助における従来の実践ではそうだった（シェルホルン，ジラセック・ゼップ『連邦社会扶助法へのコメント』第15版，第18条欄外番号28）。血族および姻族の他に，扶助を必要とする者が「道徳的考慮」から世話する，たとえば里子なども家族と解釈できる。介護という概念も従来の社会扶助に基づくならば，狭義に解釈すべきではない。介護の必要性の認定，あるいはある介護度への分類を求めることはできない。

### 5．その他の重大な理由

　「その他の重大な理由」が仕事の妨げとなっている場合，その仕事は就労要求不可能である，という規定は，従来の社会扶助と同様に受け皿的事実構成要件としての機能を果たしている。立法理由によれば，こうした規定の適用は限定すべきであって，就労可能な者の個人的理由は公共の利益に比べてとくに重要性がなければならないため，基本的には個人の利益は控えなくてはならないということになる。

　「その他の重大な理由」により仕事の提供を断れるのは，従来の社会扶助でも可能であったが，これに該当するのは，たとえば労働条件あるいは労働保護規則に関する，拘束力を持つ規則が守られなかったような場合に，その仕事を拒否することができた（シェルホルン，ジラセック・ゼップ『連邦社会扶助法への

コメント』第15版，第18条欄外番号19）。その他，拒否する理由としては，たとえば提供された仕事に就いたとしたら家族から長い期間離れて暮らさざるを得なくなり「家族の健全さがそのことにより損なわれる恐れ」があるような場合である。またイスラム教徒による豚の畜殺など法律または道徳に反する仕事も拒否することができる。道徳に反するとしか考えられないほど賃金率あるいは当地の標準的な報酬をはるかに下回る賃金支給も拒否することができる（判決についてはミュンヘン労働法ハンドブック第63条欄外番号4以下のハーナウ参照）。扶助を必要とする者の教育や再教育も重大な理由になる場合がある。しかしどの程度措置が正当であるのか，少なくともパートタイムの仕事を受入れるかどうか，個々のケースにおいて吟味すべきである。

　最後に，従来の社会扶助に対し重要な改正点を指摘しておく。社会法典第2編第31条第1項最終文により立証責任転換が有効である。つまり，扶助受給者はその行動，たとえば仕事の拒否などに対し，重要な理由を証明しなくてはならない。それができない場合には給付受給請求権が縮小される。

# 第3章
# 各種給付

## A．生活費保障給付

### Ⅰ．新規則概観

　社会法典第2編に基づく求職者基礎保障給付には，労働再編入のための給付（C. に記載）の他に生活費保障給付（社会法典第2編第1条第2項）が含まれる。立法者の想定によればこれらの給付は，自分および同一要扶助世帯で生活する者の需要を自力では満たせない人々に人間の尊厳に見合った生活を可能にし，社会文化的最低生活費の枠内で生活費を保障する（労働市場における現代的サービス事業のための第4法が必要な理由，連邦議会印刷物 15/1516，44，45 ページ）。この点でこれらの給付は，後順位性の原則に沿った国による福祉扶助的給付である（同上）。

　新しい生活費保障給付では，就労可能な求職者に対し，一方では従来給付されていた失業扶助の金銭給付，他方では社会扶助の枠内の生活扶助が一つの統一給付にまとめられる（詳しくは欄外番号14以下を参照）。この給付は以前の失業扶助とは異なり，（従来の社会扶助のように）従来の所得ではなく，就労可能な扶助を求める者および要扶助世帯構成員の需要に基づいている。就労可能な扶助を求める者に対しては，生活費保障給付が失業手当Ⅱとして支給され，就労不可能な要扶助世帯の家族は，各種給付を社会手当として受ける。

## 1．社会法典第2編の新給付の範囲と内容

　就労可能で扶助を求める者に対する新しい失業手当Ⅱに含まれるのは，社会法典第2編第19条によれば次の項目である。
1）適切な住居・暖房費を含む生活費保障給付（社会法典第2編第19条第1文第1番；第2部全体の題名でも同様に「生活費保障給付」を取り上げているので，法律用語法はあいまいである。ここでは明らかに，社会法典第2編第24条による加算も社会法典第2編第26条による保険料補助金も含めない，もっと狭い意味での概念を指していると見られる。社会法典第2編第28条第1項における第19条第1文第1番についての言及から反対解釈：社会手当受給者がこれら二つの給付を受けない以上，社会法典第2編第19条第1文第1番により社会手当受給者に支給される各種給付にも該当しない）。生活費保障給付に含まれるのは，以下の項目である。
　生活費保障のための通常給付（社会法典第2編第20条），包括給付
- 生活費増加需要給付（社会法典第2編第21条），基本となる通常給付の百分率で包括形式
- 住居と暖房のための給付（社会法典第2編第22条），基本的には実際の金額（しかし法律には一括支給の可能性が示唆されている）
- 三つのケースにおける一時給付（社会法典第2編第23条第3項）
- 不可避の需要に際し，貸付の形で金銭給付または現物給付（社会法典第2編第23条第1項）

給付は給付受給者の以前の所得高に関係なく支給される。
2）失業扶助受給後の期限付きの加算（社会法典第2編第19条第1文第2番，第24番）。この加算は，社会法典第3編による失業扶助から求職者のための基礎保障への切り替えにともなう経済的困難さを和らげるためのものである。
3）さらに社会的保護についても配慮されている。失業手当Ⅱの受給者は，法的な健康保険，介護保険，年金保険への加入義務がある。加入義務のない場合には，保険金に対して補助金を請け負う（社会法典第2編第26条）。

就労不可能な要扶助世帯構成員に対して給付は社会手当として支給される。しかしここで，老齢および稼働能力減退における基礎保障に対する社会手当の後順位性について考慮する必要がある。社会手当に対する請求権は，基礎保障の給付に対する請求権（社会法典第12編第41条以下）がない場合に限り生じる（社会法典第2編第5条第2項第3文，第28条第1項）。したがって，これらの給付は優先して審査すべきである。これらの給付が社会法典第2編の指す需要を満たさない場合に限り社会手当が考慮される。社会手当に対する請求権に含まれるのは，上の1に挙げた社会法典第2編第19条第1文第1番の指す生活費保障給付である（社会法典第2編第28条）。反対に期限付きの加算は，受給者に就労能力が欠けているため支給されない。また，社会保険加入義務もなく，保険料補助金に対する請求権も生じない。病気や介護の必要性に対する社会的保護は，家族保険の枠内で行われる。社会手当に対しては，基本的に失業手当Ⅱに対する諸規則と同じ規則が適用される。したがって給付について次の表では，特例または例外が生じるような関連した箇所に限って表示している。

各種給付については，次の一覧表と付録第1番の概観を比較のこと。

| 失業手当Ⅱ（就労可能な求職者対象） | 社会手当（就労不可能な要扶助世帯構成員） |
| --- | --- |
| － 社会法典第2編第19条第1文第1番の指す生活費保障給付<br>　■ 通常給付<br>　■ 増加需要<br>　■ 住居と暖房<br>　■ 一時需要<br>　■ 不可避の需要に対する貸付<br>－ 加算<br>－ 法的な健康保険，介護保険，年金保険における社会的保護または保険金補助 | － 社会法典第2編第19条第1文第1番の指す生活費保障給付<br>　■ 通常給付<br>　■ 増加需要<br>　■ 住居と暖房<br>　■ 一時需要<br>　■ 不可避の需要に対する貸付<br>－ 法的な健康保険，介護保険における家族加入員としての基本的な社会的保護 |

以下の事柄は，失業手当Ⅱおよび社会手当に同様にあてはまる。すなわち，どちらの給付も必要性に左右されるので，法的に定められた給付は基本的に考慮すべき所得と資産の分だけ減額される（社会法典第2編第19条第2文，場合に

よっては社会法典第2編第28条第2項と関連）。したがって個々の場合における請求額は，需要と必要性を対比して初めて算出される。算入すべき所得と資産によって必要性が定まる。

　失業手当Ⅱおよび社会手当に対して認められる請求権は，個人個人によって違う（社会法典第2編第9条第2項第3文，第38条第1文は一人ひとりの請求権を考慮している；ハウク／ノーフツによる社会法典第2編第19条欄外番号5も参照のこと）。ということは，各人に対して個別に請求権の前提条件を審査しなくてはならない。しかし，所得および資産の算入に関して，要扶助世帯の構成員全員が一緒に考慮される。したがって，要扶助世帯全体に対し必要な申請書は1枚だけである。自己の能力および資力によって要扶助世帯における需要全体を満たせない場合，要扶助世帯のすべての者は需要全体に対する各々の需要の割合に応じて扶助を必要とする者とみなされる（社会法典第2編第9条第1項第3文，欄外番号64以下も参照のこと）。

　法律成立根拠によれば，生活費保障給付は需要全体を満たし，扶助を必要とする者が社会法典第12編による生活扶助の補助給付を必要としないように査定されている。したがって社会法典第2編第5条第2項によれば，2階建ての社会扶助は認められない。唯一の例外は，失業手当Ⅱまたは社会手当と同時に受給できる特別な場合における生活費扶助である（社会法典第2編第20条第2項第2文および第5条第2項第2文に関連して社会法典第12編第34条）。とりわけここには，非常に限られた範囲内での負債の引受が含まれている。社会法典第2編の請求権に付け加えられるのが連邦児童手当法第6条aによる児童加算である。

## 2．従来の法律と違う点

　この体系により社会法典第2編による生活費保障給付は，その形態および金額において，基本的に従来の連邦社会扶助法を参考にしており失業扶助ではない（労働市場における現代的サービス事業のための第4法が必要な理由，連邦議会印

刷物15/1516，46ページ参照)。失業手当が所得算入のある個人的な賃金指向の給付であるのに対し（金額は以前支給されていた手取り所得のパーセンテージで決まる)，求職者基礎保障給付は，要扶助世帯全体の需要に合わせられている。従来の連邦社会扶助法による社会扶助と社会法典第2編には，基本的な類似はみられるものの，いくつかの重要な違いがある。とりわけ一括化を強めたことと，それに関連する通常基準の新構想が異なる。

社会法典第2編ではとくに，求職者基礎保障給付のできる限り幅広い一括化を達成するという目標を目指している（労働市場における現代的サービス事業のための第4法が必要な理由，連邦議会印刷物15/1516，46ページ—従来の連邦社会扶助法第3条のような個別化の総則は，もはや考慮されていない，199，200ページのムロツィンスキー，169ページのプフォールのコメントも参照のこと)。このことは何よりもまず，大半の一時的給付を通常給付に含めるという通常基準の新構想によって実施される。すなわち，以前に比べて大幅な変更を意味する。

従来の連邦社会扶助法は，生活扶助を経常的給付と一時的給付に分けるという，システム上の細分を前提としており，この両方の給付で必要な生活費を満たしていた（連邦社会扶助法第12条第1項)。通常基準には食料と家庭エネルギー費を含む家計需要ならびに日常生活の個人的需要に対する経常的給付だけが含まれていた（通常基準条令第1条第1項第1文)。通常基準に含まれていない不規則な間隔で生じる必要な生活費は，基本的に具体的な需要に応じて法的に定められた包括額ではなく，定められたカタログもなく，一時的給付の形で支給されていた。この給付は基本的にその都度申請し，認可されるものであった（社会法典第12編第29条の法律が必要な理由，連邦議会印刷物15/1514ならびに理論と実践のコメント，連邦社会扶助法第12条欄外番号6，連邦社会扶助法第21条欄外番号13以下を参照)。

これに対して社会法典第2編では，必要な生活費全体（不規則的に生じる生活費も）は基本的に通常給付によりまかなわれなければならない。それによって不可避の需要が満たされない場合には，追加的に貸付が行われる（社会法典

第2編第23条第1項)。どちらかといえば珍しい三つのケースに限り，一時的給付はまだ支給されている(同時に比較的大きな購入のための補足的一時的給付を通常給付の受給なしに得る可能性はもはや生じない，という点では，やはり結果をともなう)。大半の一時的給付を通常給付に統合することに対する対抗策として通常給付には定期的な間隔では生じない比較的多額の出費のための包括額が含まれた。この包括費は(拡大した自己責任の象徴として)そのような購入のためにとっておくことができる(社会法典第2編第12条第2項第4番では，ふさわしい保護資産について定められている)。

通常給付に含まれていないのは，特別な生活状況のための増加需要，住居と暖房のための給付(地域による違いに直面して，法律による統一化は意味がないと見なされた)，存続した一時給付ならびに社会保障保険料補助である。通常給付とその他の給付の関係は次の通りである。

| 通　常　給　付 | 通常給付以外の給付 |
| --- | --- |
| － 食料，被服，保健衛生，家具，日常生活の需要，まわりとの関係および文化的生活への参加に対する包括額(従来と異なり，全国で二つの包括額のみ－東用と西用)<br>－ これらの需要が包括額では足りなかったら：不可避の需要に対しては補足的貸付 | － 住居と暖房のための給付<br>－ 増加需要<br>－ 三つの特例における一時的給付<br>－ 場合によって加算<br>－ 場合によって社会保障の保険料補助 |

これとその他の新規則により，個々のケースを考慮する可能性は一括化を進めるために以下の領域において明らかに制限がなされた。

- 一時的給付を通常給付に基本的に統合(三つの例外，欄外番号141以下参照)
- 通常基準にも一括化された増加需要にも，これを例外的に個々のケースの状況に応じて査定する可能性はなくなった。つまり包括支給においては，実際には個人的需要状況への扉を開く可能性は生じない(ムロツィンスキー199ページ)。
- 住居と暖房のための給付は，法律によって確かに実際の金額が支給さ

れるが，条令による一括化の可能性が計画されている。このことは，一時的給付として支給される住居と被服を初めてそろえるための支給にも該当する。

　このことと通常基準の新構想は，大幅な行政簡素化につながるだろう。今まではどの一時的給付も基本的には別々に申請し，支給されていた背景があれば，なおさらのことである。そして細かい需要チェックおよびそれぞれの場合の決定も実施者と給付受給資格のある者の間の長引く可能性のある論争同様に避けられる。一方で新規則は，各々の場合における特別な状況の考慮がほとんど不可能であることを意味する。この点は多方面から批判されている。何よりも，以前の通常基準に比べて増額された包括額は，一時的に生じる出費をまかなうには足りないのではないか，という危惧が批判の原因である。この著書の枠内では，基礎となる憲法において，この新規則が妥当であるかを討論する余地はない。しかし当然ながら諸規則は，基本法（とりわけ人間の尊厳，社会国家規則）ならびに社会法典第1編第1，9条と照らし合わせて解釈すべきである（さらに欄外番号263，264も参照のこと）。

## II．生活費保障のための通常給付

### 1．通常給付の目的と範囲

　失業手当IIおよび社会手当の枠内で生活費保障給付の基幹となるのは，社会法典第2編第20条による「生活費保障のための通常給付」である。この給付は経常的包括給付として支給され，とりわけ食料，被服，保健衛生，家具，日常生活の需要，ならびに是認できる範囲で，まわりとの関係および文化的生活への参加（社会法典第2編第20条第1項第1文）をまかなう。さらに従来も通常給付が負担していた家庭エネルギー費もここに該当する（通常基準条令第1条第1項；これに対し，温水ではない水道費は従来どおり住居費に算入する；欄外番号201参照）。しかし通常基準に網羅される需要は，社会法典第2編第20条では決定的に定められているわけではないので（「とくに」），その他の需要も通常

給付からまかなわなければならない。

　欄外番号141以下ですでにふれたように，社会法典第2編における通常給付の網羅範囲は，（三つの例外はあるが）従来の一時的給付を基本的に通常給付に統合したことによって著しく拡大された。具体的には，従来は一時的給付（連邦社会扶助法第21条第1項a）として支給された次の費用は，今後は一括化された通常給付が負担しなくてはならないということである。

- 被服，寝具および靴の修理とその入手，最小限の範囲以外（最初の入手は除く）
- 生徒のための特別教材の入手（数日間のクラス旅行は除く）
- 家具の補修，比較的大きな場合
- 使用期間が比較的長く，購入価格が比較的高い日用品の購入費（最初の入手は除く）
- 特別な機会のための給付，たとえば結婚，クリスマス補助金
- これに対し従来は一時的給付として支給されていた住宅修繕費は，通常給付ではなく，住居のための給付に含めることができ，燃料購入費も同様に各暖房に該当するので（欄外番号202，203参照），通常包括給付から調達しなくてもよい

　従来の連邦社会扶助法と違い，特別な状況においても各ケースにおいて包括額は増額できない。個別のケースにおける通常包括給付の例外的査定は，もはや認められていないからである。たとえば比較的大きな購入費を扶助受給者がまかなえない場合，それが通常包括給付その他の資金でまかなえない不可避の需要ならば，貸付支給のみが考慮される（社会法典第2編第23条第1項；欄外番号265以下参照）。

## 2．通常給付の支給額

　包括額は法律により一律に定められている。ここでは社会扶助とは異なり，ベルリンを含む旧連邦諸州（旧西ドイツ）と新連邦諸州（旧東ドイツ）それぞれ

に固定額が適用される。給付受給者個人の給付額は，この包括額のパーセンテージで定められている。この支給額は，要扶助世帯内に生活している人数およびその年齢により変化する。逆に法律の文面によれば，世帯主（すなわち家計の総支出を実際に主に負担している人）として，またはその他の世帯構成員としての資格は，重要ではなくなった。

### 3．失業手当Ⅱとしての通常給付

通常給付は年齢と状況により，通常給付全額（100％）のパーセンテージで算定される。通常給付全額はベルリンを含む旧連邦諸州で345€，新連邦諸州で331€（社会法典第2編第20条第2項）になる。この包括額は（純粋な計算上），食料費，保健衛生費，家具，社会費，文化費，余暇費，交通費，ならびに被服や家庭用器具，家具および比較的間隔を置いて生じる物の費用の包括費，それぞれの配分に基づいて算出される。

個人には次のようなパーセンテージが適用される。

- 独身である，または独りで子育てをしている者，またはパートナーが18歳未満である者は，通常給付全額の100％を受給する。年齢とは無関係であるため，この事項は年齢に関係なく，つまり18歳未満の者にも適用してもよい。
- 要扶助世帯内に2人の者が生活しており，2人とも18歳以上である場合，両者とも通常給付全額の90％の金額を受給する。この金額はすなわち，独身者のための通常給付全額と就労可能なその他の家族のための80％給付の計算上の平均額である（社会法典第2編第20条第3項第1文）。現在額は旧連邦諸州およびベルリンでは311€，新連邦諸州では298€である。この背景となったのは，法律成立根拠によれば何よりもまず，ペア関係にある女性は今まで原則として世帯主とは認められず，したがって平均算出もなく，より少ない100分の80の通常給付しか受給できなかったという事情がある。この規定により，パ

## 第3章　各種給付

ートナーのどちらも同額の給付を受給することが保障された。

- 要扶助世帯の15歳以上で就労可能なその他の家族（すなわち18歳以上または18歳未満で扶助を必要とする者の18歳未満のパートナー，18歳未満の子ども）に対し通常給付は80％になる。その金額はベルリンを含む旧連邦諸州で276€，新連邦諸州では265€になる（社会法典第2編第20条第3項第2文；15歳未満の者は就労可能とはみなされない；したがって社会手当だけが考慮の対象となる）。従来の連邦社会扶助法では，15〜18歳の者はより多い発達需要のために通常給付の90％を受給していたが，それに比べ80％基準は減少を示している。

独りで子育てをしている者とは，実際に独りで18歳未満の子どもの教育と世話を引き受けている者である（詳しくは欄外番号177〜179参照）。

独身者は，独りで生活していることを前提条件にはしていない。社会法典第2編第20条第3項からはむしろ，他にどの人が要扶助世帯に属するかに左右されることがわかる。それによれば，18歳以上のパートナーと同居するものは独身者ではない。逆に住居共同体の場合や一人の子どもとの同居は関係しない（連邦雇用エージェンシー，90の質問と回答，14ページ）。この法規によって，要扶助世帯には属していないが一つの世帯に同居する者（たとえば両親と同居する18歳以上の子）にとって，変更がともなうであろう。以前は複数の人が同居する場合，共通の家計が存在するかどうか調べなければならなかった。該当する場合には，総支出を負担する者が世帯主としての通常基準を受給し，その他の者は（扶助が必要である場合は）世帯構成者としての通常基準を受給した。複数の扶助を必要とする者が総支出をそれぞれ負担しあう場合には，世帯主としての基準と世帯構成者としての基準の差額は負担者たちに分配された（たとえばバイエルン社会扶助要綱22.02参照；ショッホ，18ページ）。社会法典第2編第20条第2項の文面には，このような事はもはや認める余地がない。80％ないし90％の少ない基準額の適用は，要扶助世帯の者に限られているからである（ハウク／ノーフツによる社会法典第2編第20条欄外番号20）。法律を単純に適

用すれば，将来は要扶助世帯に属さない者は皆，共通の家計が存在しようと，通常基準全額を受給するべきである。共通の家計の存在を要求しない連邦雇用エージェンシーの定義（90の質問と回答，14ページ）も，この有力な根拠となる。

例：旧連邦諸州に住む既婚のEとFは，失業手当Ⅱを受給している。彼らは自分たちと同様に就労可能な17歳の息子Sと，もう一人の就労可能な16歳の息子Pと同居している。この家族の通常給付に対する需要は，次の通りである。

| E：90% | 311 € |
| F：90% | 311 € |
| S：80% | 276 € |
| P：80% | 276 € |
| 合計： | 1,174 € |

代替例：Eは独身でSと同居している。

| E：100% | 345 € |
| S：80% | 276 € |
| 合計： | 621 € |

## 4．社会手当としての通常給付

前記の規則は，社会手当受給者にも同様に当てはまる。ここでさらに考慮しなければならないのは，老齢および稼働能力減退に際して必要に応じた基礎保障諸給付は，社会手当に優先するということである（社会法典第2編第5条第2項第3文，第28条第1項，および欄外番号135参照）。したがってこのような給付が支給される限り社会手当に対する請求権は消滅する。

また，法律により就労不可能であると見なされる，つまり社会手当だけを受給できる15歳以下の者に対する補則がある。彼らは以下の給付を受ける。

● 満14歳になるまでは通常給付全額の60%，すなわち旧連邦諸州およ

びベルリンでは1ヶ月当たり207€，新連邦諸州では1ヶ月当たり199€。従来の法律に対し変更がなされている。従来の法律では，7歳未満の者は世帯主の50％の通常基準しか受けられず，一方7～14歳の者は65％の通常基準を受給した（通常基準条令第2条第3項）。

- 15年目（14回目の誕生日を過ぎ15歳の誕生日まで）には，通常給付全額の80％，すなわち旧連邦諸州およびベルリンでは1ヶ月当たり276€，新連邦諸州では1ヶ月当たり265€。これは，従来の連邦社会扶助法に比べて減少している。連邦社会扶助法によれば90％の通常基準を受給した。

例：新連邦諸州のひとつに住んでいる既婚のE（就労可能）とF（就労不可能）には，6歳と14歳の二人の子ども，KとPがいる。この家族の通常給付に対する需要は，次の通りである。

| | |
|---|---|
| E：90％－失業手当Ⅱとして | 298€ |
| F：90％－基礎保障に対する請求権が生じない限り，社会手当として | 298€ |
| K：60％－社会手当として | 199€ |
| P：80％－社会手当として | 265€ |
| 合計： | 1,060€ |

代替例1：Pがすでに17歳になっている場合，Pが就労可能であろうがなかろうが例と違いはない。たとえばPが就労して自分で需要をまかなう場合，Pはもはや要扶助世帯には属さない（社会法典第2編第7条第3項第4番）。この場合，家族の通常給付に対する需要は795€となる。

代替例2：Pが19歳であるならば，Pは要扶助世帯に属さない（社会法典第2編第7条第3項第4番）。場合によりPは，社会法典第2編または社会法典第12編の独立した請求権を持つ。

全体像をつかむには，補遺第1番の表も参照のこと。

## 5．通常基準額の調整

社会法典第2編に現在決められている通常給付額は，連邦厚生省が連邦統計庁の協力を得て集めた所得・消費についての無作為抽出アンケート（EVS）1998評価を基にしている。このデータから2003年7月1日現在の全体数値が算出された。通常給付は1年のうち7月1日に毎年調整される。この調整の指針となる数値は，当時の連邦社会扶助法がそうであったように法定年金保険年金額のその時の変化パーセントである。よって，失業手当Ⅱは基本的に税込み賃金に修正された形で関連している（社会法典第6編第68条）。所得・消費についての新しい無作為抽出アンケート2003の結果が出るとすぐに，通常給付の査定がチェックされ，必要な場合にはさらに改定する（社会法典第12編第28条第3項第5文と関連して社会法典第2編第20条第4項第2文）。連邦経済雇用省は毎年，暦年の6月30日に通常給付額を連邦官報に公布し，この額がその後12ヶ月間の指針となる（社会法典第2編第20条第4項第3文）。

## 6．現物給付としての通常給付支給

生活費保障給付は，基本的に金銭給付の形で支給される（社会法典第2編第4条第1項第2番）。通常給付は，例外的に第20条により（反対に他の給付はそうではない！），扶助を必要とする者が自分の需要を金銭給付でまかなうのに適していない場合，全額または一部を現物給付として支給することができる（社会法典第2編第23条第2項）。この規定は，特殊で重大な理由がある場合は給付を現物給付として支給することができるという，連邦社会扶助法において従来実践されてきたことにしたがったものである（ブリュール339ページ以下，シェルホルン／シェルホルン第8条欄外番号12を参照のこと）。

そのための前提条件は，まず社会法典第2編第20条による需要をまかなうための，扶助受給者の適性の不十分さである。社会法典第2編第20条第1項では，何が重要な需要に含まれるのかを定めている。これらの必需品が満たされない場合に限り現物給付が考慮される。その場合に，扶助受給者自身にとっ

て必需品の重要性の程度をどう判断するか，ある程度の余地が扶助受給者に認められなくてはならない。

　さらに扶助を必要とする者は，需要をまかなう「適性がない」ことが必要である。法律は適性不十分の例として，具体的には「麻薬・アルコール中毒」ならびに「不経済的行動」を挙げている。後者を立法者が認めるのは，扶助を必要とし就労可能な者の行動全体または一部に，いかなる理性的な経済的考慮の方法も見られず，さらに平均からあまりにかけ離れた行動が見られる場合である（この点について等しい文面の法律，社会法典第2編第31条第3項の成立根拠，連邦議会印刷物 15/1516）。従来は，たとえば高価な趣味に対する金銭消費や「浪費的で無意味な消費行動」においてこのことが認められていた（ブリュール，174ページ）。さらに連邦雇用サービス庁は，給付が支給されてすぐに消費される場合，または生活の仕方が給付額に見合わない場合も，その例と見なしている（連邦雇用サービス庁注意書き 19ページ）。社会法典第2編第12条第3項第2番の規則に基づき「適切な自動車」の所有はここには該当しない。法律は「適性が不十分」な場合に限り現物給付を認めている。ここから，一度の「過失」では，適正不十分は立証されない。

　扶助受給者の適正が不十分であることは「証明」されねばならない。この言葉は，生活費をまかなえないという具体的な事実がなくてはならないことを示唆している。事実にあった措置をとるという原則の枠内では，その前に他の措置，たとえばアドヴァイス，警告，分割払いも試みた，という前提が要求される（従来の法律，たとえばバイエルン社会扶助要綱 8.04 がそうであったように。レンズ／ヘロルド＝テューズ，第23条欄外番号12も参照のこと）。

　これらの前提条件が満たされれば，現物給付が支給されるかどうか，またどれほど支給されるのかは，管轄官庁の裁量にかかっている（法律の文面によれば部分的現物給付の支給も可能である）。この時に，市場で必需品を個人的に自分で決めて購入する，という扶助受給者の自由が現物支給によって損なわれることを考慮すべきである。したがってバランスの取れていることという原則

から，現物給付は基本的にこれが必要な場合に限って用いることが要求される（レンズ／ヘロルド＝テューズ，第23条欄外番号16も参照のこと）。

注意：不経済的行動の場合法律はさらに，すべての給付（通常給付に限らない）は最小限度に限定される可能性があることを記している（社会法典第2編第31条第4項第2番；欄外番号521，522参照）。

## Ⅲ．増加需要給付

扶助受給者の特定グループにとっては，通常基準の土台である需要は，足りないという前提を法律はとっている。したがってこれらの対象者は通常給付の他に，増加需要に対して加算請求権を持つ（社会法典第2編第21条第1項）。この加算は，一部は通常給付のパーセントにより支給される包括額であり，一部は状況に応じて査定される。次のような増加需要が支給される。

| 通常基準の％による包括査定 | 状況に応じた査定 |
| --- | --- |
| －　妊婦<br>－　独りで子育てをしている者<br>－　扶助の必要な障害者 | 費用のかかる滋養 |

### 1．概説

増加需要事実構成要件となる前提条件は，従来の連邦社会扶助法と比べて少しも変わらない（第21条の成立根拠，連邦議会印刷物15/1516も参照のこと，連邦社会扶助法第23条の「本質的に内容の等しい」引継ぎについて記している）。増加需要事実構成要件の目的も変更されていない。関連事項に変更がない限り，基本的には前提条件の従来の解釈を，ここでも取り上げることが可能である。

増加需要がパーセンテージによる包括額として支給される場合には，各パーセンテージは「第20条により基準となる通常給付」に関連する（例外：第21条第3項は第20条第2項により基準となる通常基準を参照するように指示している）。「基準となる通常給付」という文面および100％の通常給付（社会法典第2編第

20条第2項）の参照指示があるのは社会法典第2編第21条第3項しかない、という事実から、その他の場合には常に通常給付の100％全額を基礎に置くわけではなく、増加需要の前提条件を満たした者に対するパーセンテージを基本とする、という前提から出発すべきであろう。すなわち、従来の社会扶助法のように、該当者が通常基準の全額（100％）を受給するか減額された通常基準（90/80％）を受給するかにより違いが生じる。しかし従来の連邦社会扶助と異なるのは、90％の通常基準が導入されたために、要扶助世帯のうち誰が世帯主の役割を負い通常基準全額を受給するか、その決定によって増加需要額に影響を与えられる可能性がなくなった点である。

また、連邦社会扶助法と異なり包括支給には、個々の場合における例外的な需要に対して例外的な（とりわけより高額の）加算を支給できる可能性はない。

社会法典第2編第23条第1項により、増加需要事実構成要件は第2～4項に最終的に定められている（ハウク／ノーフツ第21条欄外番号3参照）。

### 2. 妊婦に対する増加需要

就労可能で扶助を必要とする妊婦は、妊娠第13週目の初めから増加需要を受給する。妊婦証明書または医師の診断書を証明に用いることができる（連邦雇用サービス庁の記入の仕方参照）。加算は基準となる通常給付の17％である。具体的には次のような金額になる。

| 住所 | 増加需要（17％） |
| --- | --- |
| 旧連邦諸州およびベルリン | 59 €（通常給付100％の場合）[1]<br>53 €（通常給付90％の場合）<br>47 €（通常給付80％の場合） |
| 新連邦諸州 | 56 €（通常給付100％の場合）<br>51 €（通常給付90％の場合）<br>45 €（通常給付80％の場合） |

[1] 社会法典第2編第41条第2項により金額は小数点以下四捨五入される。さらに被服の初めての支給が、妊娠時には一時需要として認められる（社会法典第2編第23条第3項第1番）。

連邦行政裁判所の今までの裁判によれば（連邦行政裁判所判決集94，224），連邦社会扶助法第26条により給付の除外が該当する職業教育を受ける者は，それにもかかわらず増加需要が「職業教育を受ける者に特有の需要」を満たさない限り（たとえば妊婦に対する増加需要のように），増加需要を受給できる。この他，社会扶助法を参照するようにという法律成立根拠の指示に基づき，社会法典第2編第7条第5項により生活費保障給付から除外された者にもこの事が該当するという見解に有利ないくつかの材料がある（レンズ／ヘロルド＝テューズ，第21条欄外番号7以下も参照のこと）。

### 3．独りで子育てをしている者に対する増加需要

独りで子育てをしている者の増加需要に対する給付の前提条件は，該当者が実際に独りで一人または複数の18歳未満の子どもの世話と教育をしていることである（ここでいう世話とは，本当の「要介護」と同一視すべきではなく，すべての子ども本来の保護の必要性に関連している）。基準となるのは，実際の状況である。したがって「誰に教育の権利があるか，誰に教育の義務があるかは重要ではない」という連邦社会扶助法の原則は有効であると考えられる。したがって両親以外の者でも，独りで教育を引き受けている限りは増加需要を受給することができる。

他の者が両親のように持続的に教育に協力している場合（たとえば住居共同体内のように），または子どもが両親のそれぞれのところで半分ずつ過ごす場合には，従来どおり両者のどちらも独りで子育てをしているとは見なされない。逆に，教育に関らない第三者（たとえば介護の必要な祖母，年上の子ども）と同居している場合でも，独りで子育てをしていると見なすことは可能である。たとえば，パートナーがなく，両親の世帯に同居して自分の子どもを育てているような場合である。さらに，別れた両親の片方が生活費支払義務を果たしているかどうか，訪問権を主張しているかどうか，扶助受給者が家政婦を雇っているかどうか，子どもが幼稚園または託児所に行っているかどうかは重要では

ない。

　第3項の文面では継続的状態を前提条件にしていないので，基本的には一時的に，たとえば両親の片方が懲役を受けたり，比較的長期間入院したりする間，独りで子育てをする状態になることはありうる（連邦雇用局　質問と回答14ページならびにハウク／ノーフツによる社会法典第2編第21条欄外番号12以下；従来の法律への理論と実践のコメント，連邦社会扶助法第23条欄外番号23以下参照；エストライヒャー／シェルター／クンツ，連邦社会扶助法第23条欄外番号18以下）。

　増加需要は出産日から支給され，その額は以下の通りである。

- 　7歳未満の子ども1人または16歳未満の子ども2人または3人と同居する扶助受給者に対し，通常給付全額の36%（社会法典第2編第21条第3項第1番）—規定の目的から従来どおり，この事項は受給者が独りで子育てをしている限り，他の年長の子どもが世帯内に生活している場合を除外しないという前提に基づいている。または

- 　この方がパーセンテージが上がる場合には，子ども一人につき通常給付全額の12%，ただし通常給付の60%を限度とする（社会法典第2編第21条第3項第2番）。ここでは子どもたちの年齢には照準が合わせ

**具体的ケース一覧**

| 子ども | 増加需要 |
|---|---|
| 7歳未満の子ども1人<br>7歳以上の子ども1人<br>16歳未満の子ども2人 | 36%：124€（西），119€（東）<br>12%：41€（西），40€（東）<br>36%：124€（西），119€（東） |
| 法律の文面（および類似した連邦社会扶助法第23条第2項の従来の解釈）によれば，子どもが2人とも7歳未満であっても違いはない。この場合には第2番によりそれぞれの子どもに36%の加算が生じる。 ||
| 16歳以上の子ども2人：<br>または：<br>7歳以上の子ども1人と16歳以上の子ども | 24%：83€（西），79€（東） |
| 子ども3人 | 36%：124€（西）；119€（東） |
| 子ども4人 | 48%：166€（西）；159€（東） |
| 子ども5人以上 | 60%：207€（西）；199€（東） |

られていないので，18歳未満の子どもも該当する。

## 4．扶助を必要とする障害者に対する増加需要

就労可能で扶助を必要とする者は，障害があり（法律の文面からは，障害になる恐れでは不十分）実際に以下の給付を受給している場合には，増加需要給付を受ける（社会法典第2編第21条第4項第1文）。

- 社会法典第9編第33条による労働生活参加補助給付（とりわけ職場の保持と獲得のための扶助；基礎訓練を含む就職準備；職業適応と発展教育；これに対して，社会法典第9編第33条第3項第1番によるアドヴァイスと斡旋が行われただけでは十分ではない）ならびに労働生活において適切なポジション獲得のためのその他の扶助（この表現は，社会法典第12編第54条に引き継がれなかった連邦社会扶助法第40条第1項第3番に基づいている；従来のように主に社会法典第9編第33条第3項第6番に関連する）。
- その他の適切な活動のための教育扶助：これは，社会法典第12編第54条第1項第3番による社会統合扶助給付（職場への編成扶助給付）を指しており，失業手当Ⅱの受給者もこの扶助を受けることができる（社会法典第2編第5条第2項）。
- この反対に障害者が適切な学校教育のための扶助（社会法典第12編第54条第1項第1番），あるいは職業学校教育のための扶助（社会法典第12編第54条第1項第2番）を受けている場合には，この障害者には増加需要は支給されない。社会法典第2編の枠内では，助成可能な学校専門教育または単科大学教育を現在受けていない，扶助を必要とする者に限り，助成給付を受給することができるからである（社会法典第2編第7条第5項）。

申請書には証明書として，リハビリテーション実施者の証明書（有効な認可通知）を添付しなくてはならない（失業手当Ⅱ申請用紙参照）。

第3章　各種給付

増加需要給付は基準となる通常給付の35%である。包括額一覧表は次の通りである。

| 住所 | 増加需要 (35%) |
| --- | --- |
| 旧連邦諸州およびベルリン | 121 €（通常給付100%） |
|  | 109 €（通常給付90%） |
| 新連邦諸州 | 116 €（通常給付100%） |
|  | 104 €（通常給付90%） |

増加需要給付に対する請求権は基本的に、前提となる社会統合対策（職場への編成対策）の期間に限り生じる。しかし増加需要給付は、対策終了後も適切な過渡期間、とりわけ実習期間の間はさらに継続される（社会法典第2編第21条第4項第2文、原則として3ヶ月まで）。これについては、実施者の義務である裁量範囲内にある（「できる」）。

## 5．費用のかかる食事における増加需要

　費用のかかる食事が必要で扶助を必要とする就労可能者は、適切な金額の増加需要を受給する（社会法典第2編第21条第5項）。前提条件は、費用のかかる食事が医学的理由により必要なことである。この証明書として医師の診断書が必要であり、連邦雇用局の用紙を用いることもできる（失業手当Ⅱ申請追加用紙）。

　増加需要は疾病により異なるため、包括額も給付の金額限定も定められていない。むしろ場合に応じて医学的観点からふさわしいものが採択される。その適切性には多くの要素が関っている。具体化にあたっては社会法典第2編第21条第5項の法律成立根拠（連邦議会印刷物15/1516）によれば、ドイツ公私福祉協会の常に改定されている推奨が参考になる（小紙第48号、第2版、1997年、毎年7月1日付改定；2003年7月1日付の表は、たとえばブリュール47ページ以下などに記載されている）。この推奨は類型化できる具体例にそって構成されているが、各ケースにおいては需要の例外的決定が必要な場合もありうることを認めている（たとえばある食品を消化不良のため摂取できない人の場合）。病人

食手当の前提条件が複数存在する場合には，原則として金額の高いほうを支給すべきである（小紙第48号26ページおよび28ページ）。

## 6．社会手当受給者に対する特別規定

社会手当受給者にも増加需要加算請求権がある（社会法典第2編第19条第1文第1番に関連して第28条第1項第2文）。妊婦，扶助を必要とする障害者および費用のかかる食事に対する増加需要に関しては，この項目は一見問題があるように見える。なぜなら，この増加需要事実構成要件は法律の文面によれば，いずれの場合にも受給者の就労可能性を必要とするが，この就労可能性のために受給者は社会手当から除外されることになるためである。しかし社会法典第2編第28条第1項第3文第2番と第3番は，障害者を対象とする増加需要をはっきりと指摘し，それによってさらに社会手当受給者もこの給付を受けられることを示している。したがって増加需要事実構成要件は，社会手当受給者にとっては，就労可能性を前提条件としていないと読むべきである（ムロツィンスキーも同意見，203ページ）。

したがって社会手当受給者は基本的に，上記に説明された前提条件の下ではどの増加需要加算も受給できる。しかし，特例がある。障害者に対する増加需要は（社会法典第2編第28条第1項第3文第2番により），該当者が（社会法典第12編第54条第1項第1番による）適切な学校教育のための扶助，あるいは（社会法典第12編第54条第1項第2番による）職業学校教育のための扶助を受けている間も継続される。この背景として，助成可能な学校教育を受けていて扶助を必要とする者は，確かに失業手当Ⅱは受けられない（社会法典第2編第7条第4項）が，社会手当に対する請求権を持つことができる。増加需要給付は対策終了後，適切な過渡期間中は続けて支給することができる（社会法典第2編第28条第1項第3番）。

## 7．増加需要加算の重複

一人の人がいくつかの増加需要事実構成要件を満たしている場合，複数の増加需要加算を並行して支給することができる。しかし扶助を必要とする者に支払われる増加需要合計額は，この同一人物に対する通常給付額を超えてはならない（社会法典第2編第21条第6項）。

例：ベルリンに住む独りで子育てをしている障害者には16歳未満の子どもが4人おり（増加需要：166€），社会法典第9編第33条による職業適応および発展教育のための給付を受給しており（増加需要：121€），グルテンを含まない食事が必要である（バイエルン社会扶助要綱による改定された増加需要：73€）。すべてを合わせれば，増加需要合計額は1ヶ月当たり360€になるはずである。しかし，基準となる通常給付額（345€）に制限される。

## Ⅳ．住居と暖房のための給付

住居と暖房の費用は通常給付には含まれていない。これらの費用に対しては，むしろ個別の請求権が生じ，基本的に適切である限りは実際の支出を対象とする（社会法典第2編第22条第1項）。さらに特定の条件下では住居調達，賃貸保証金，引越ならびに家賃負債の費用も引き受ける場合がある。したがって社会法典第2編第22条の規定は，広い範囲で通常基準条令第3条における従来の連邦社会扶助法の規則に相当する。このことが当てはまる限り，新規則の解釈は基本的に，従来の社会扶助の実践に基づいて行えばよい（社会法典第2編第22条の法律成立根拠，連邦議会印刷物15/1516も参照のこと，ここでは何度も社会扶助の実践を参照するよう指示がある）。

しかし従来に比べて重要な違いがある。新規則では，失業手当Ⅱおよび社会手当の受給者は，住宅手当を受給できなくなった。これらの人たちの住居費は，例外なく社会法典第2編の基準に代わった。こうして，初めに住宅手当を認可し，それから所得の枠内で再び算入するという面倒な手間がなくなった。将来

的には社会法典第2編第22条による請求権だけが生じるようになる。

社会法典第2編第27条第1番および第2番には、住居と暖房にとってどの支出が適切か、どのような前提条件でこの支出ならびに引越費用を包括できるかを、連邦経済雇用局が法規命令により規制する権限が定められている。ただし、このような条令は今までにまだなく、目下のところそのような計画もない（11月17日の連邦政府の報道など）。

## 1．適切な住居費のための給付
（社会法典第2編第22条第1項第1文）

a）引き受けられる住居費の範囲

一律化に対し該当する法規命令がないために基本的には実際の住居費が支給される。給付主体による一律化は（社会法典第12編第29条第2項とは異なり）法律では想定されていない。以下の支出が含まれる。

賃貸住宅では、賃貸契約により生じたとおりの実際の家賃が住居費に含まれる。区分所有住宅および宅地所有住宅では、基本的に必要な支出（とりわけ負債の利子、土地長期賃貸料、継続的負担、土地所有にかかる諸税、その他の公的支出および必要な維持費、しかし漸次償却給付はない；連邦雇用局説明書19ページ参照）の1/12が住居需要として見積もられる。ただし、これらの費用が適切である場合に限られ、その適切性は賃貸住宅の費用との比較によって定まる（従来の法律と比較するには理論と実践のコメント、連邦社会扶助法第12条欄外番号18以下参照）。

住居費にはさらに住居に関連する雑費も含まれる。ここに含まれるのはとりわけ共同部分の照明、管理人、庭の手入れ、エレベーター、煙突掃除人の費用、道路清掃、下水工事とごみ回収、共同アンテナ、家賃に配分されている土地税と家屋保険ならびに水道代である（連邦社会扶助法ついては、たとえばクルーゼ／ラインハルト／ヴィンクラー、連邦社会扶助法第22条、欄外番号19；理論と実践

第 3 章　各種給付　79

のコメント，連邦社会扶助法第 12 条欄外番号 20 以下参照）。

　これらと区別すべきなのは，基本的に通常給付に含まれている費用，たとえば賄いや家庭エネルギー（確かに——通常基準条令第 1 条第 1 項第 1 文とは違い——これらの費用を住居費にではなく通常基準に明らかに分類する規定はないが，この分類が変更されたという表現もない），ならびに温水である（ハウク／ノーフツ，社会法典第 2 編，第 22 条，欄外番号 13 参照）。これらの費用が家賃に含まれていれば，これらの費用は除いて計算し，それに応じて給付は少なくなる。

　このことはしかし，従来は一時的給付として支給された（連邦社会扶助法第 21 条第 1 項 a 第 5 番），住居の維持ならびに美観保持補修の費用には該当しないと思われる。社会法典第 2 編の法律改正によって一時的給付の大半は確かに通常給付に編入されたが，住居費に関してはそうではない。しかし従来は，維持補修費は必要な生活費の一部として（連邦社会扶助法第 12 条第 1 項），「住居」費として計上されていた（たとえばブリュール，96, 97 ページ；エストライヒャー／シェルター／クンツ，連邦社会扶助法第 12 条，欄外番号 9 参照）。このことは今後もまた有効であろう。なぜなら住居に対する請求権は（リンハルト／アードルフ／グレッシェルー＝グンダーマン，連邦社会扶助法第 12 条，欄外番号 8 のように），住居が適切な状態にあることを含んでいるからである。したがって維持補修費は，賃借人が契約によって負担する義務を負う限り，社会法典第 2 編第 22 条第 1 項によって支給されるべきである。

　このことは，従来は一時的給付として支給され分類上は暖房費と見なされていた（クルーゼ／ラインハルト／ヴィンクラー，連邦社会扶助法第 21 条，欄外番号 13），個別暖房の燃料調達費にも該当すると思われる。しかしここで，維持補修と燃料調達のための該当費用は一時的に生じるので，経常的給付に「計算しなおす」のは，実際の生活費または暖房費が補償される以上，問題になる可能性がある，という問題が生じる。しかし，これらの費用をその都度生じた時点で支払う可能性は考えられそうである。

　失業手当 II ／社会手当に対する請求権が各個人に生じるために，複数の人た

ちが同居する場合には，住居と暖房のための費用はこれらの人々に割り振られる。扶助を必要とする者が扶助を必要としない者と同一住居に住んでいる場合（たとえば住居共同体）には，扶助を必要とする者の費用部分のみが支給される。この場合複数の扶助を求めている者―複数の小さな子どもたちの場合も―の費用は，基本的には人数で持分に分割するという，連邦社会扶助法に関する従来の判決は今後も有効であろうと思われる（ハウク／ノーフツ，社会法典第2編，第22条，欄外番号5が同見解；以前の法律についてはメルグラー／ツィンク，連邦社会扶助法第12条，欄外番号14.1；クルーゼ／ラインハルト／ヴィンクラー，連邦社会扶助法第22条，欄外番号24参照）。すなわちAとBとC（扶助が必要）が住居共同体に同居し300€を払っている場合，Cの住居費は基本的に100€と査定される。要扶助世帯内では，費用は各個人の需要に応じて割り振られる。

b）「コンクリート板住宅群に引越」（コンクリート板住宅とは，多くは旧東ドイツ地域で建てられた安普請の集団住宅を指す）―住居費の適切性

賃貸住宅あるいは自己使用の所有住宅の住居費は，適切な場合に限り支給される（社会法典第2編第22条第1項第1文）。この点について社会法典第2編自体には規則はなく，法律成立根拠は社会扶助の実践状況を参照するよう示唆している。それによれば住居の需要は，今後も調度，部屋割り，場所から見て簡素な住居に向けられている。このために，扶助受給者はそろって「コンクリート板住宅に」引っ越さなければならないのではないか，と懸念されるようになったが，背景となる法的状況および連邦雇用局の発言から，この懸念は根拠がないものと思われる（何より，そうなれば必要な引越費用も支給されねばならないことを一考すべきである）。

連邦雇用局の想定（連邦雇用局説明書，18ページ）によれば，住居費の適切性は一方で個人的な居住状況（家族構成員の人数，その年齢，性別，健康状態），他方では部屋数，その土地の賃料基準，その土地の住居市場の可能性によって決まる。適切な平方メートル当たりの価格は，低価格帯に相当する住居の平方

メートル当たりの価格によって決まる。適切な家賃は居住面積に，平方メートル当たりの価格をかけて算出される。適切性の問題については現在，法規命令により定められていないので，適切性についての決定は当地で行われる。したがって以下の説明は，目安として考えるべきである。

　適切な住居の広さに関しては，住宅拘束法の各州実施規則に対応していた当時の社会扶助法と同様に次の基準値が有効である（注意：この件は，自己使用している不動産がいつまで資産算入の対象からはずれるか，という問題とは，はっきりと区別しなくてはならない，欄外番号469以下参照）。

－ 1人：45～50平方メートル
－ 2人：60平方メートル
－ 3人：75平方メートル
－ 4人：85～90平方メートル
－ 1人につき約10平方メートル加算

　（連邦雇用局，90の質問と回答，6ページ；従来の法律については理論と実践のコメント，連邦社会扶助法第12条，欄外番号23以下，28以下参照）。しかし各個人の特殊な場合，たとえば高齢，障害，介護の必要性などは考慮すべきである。

　例：F家には3人の18歳未満の子どもがおり，居住面積は95～100平方メートルが適切である。これに対し，子どもの1人が大学に入って家を出，期末休暇の間だけ家に帰ってくる場合には，この子どもは考慮に入らないので，需要は85～90平方メートルのみとなる。

　問題になるのは，複数の人たちが同居している場合，たとえば住居共同体や，18歳以上の子どもがずっと家族と同居しているような場合である。要扶助世帯に属さない人を別と見なせば，同居している人たちを一緒に計算するのに比べて適切な居住面積は増える（例：独身者2人に対して別々に考えれば，適切

な居住面積は90～100平方メートルになるが（2×45～50平方メートル），2人をまとめて計算すれば60平方メートルにしかならない）。この場合は次の点を考慮すべきであろう。この人たちの家計が共通である限り，区別して考慮する明白な理由はない。一つの要扶助世帯のように特定の空間が共同で使用されるからである。独身者により多い平方メートル数が認められている理由は，この場合には該当しない。したがって適切な居住面積の算定に当たっては，一つの家計に同居する人たちに照準を合わせるのが有効である。共通の家計を持たない純粋な住居共同体，たとえば転貸（欄外番号93, 94）に対しては，該当事項が異なってくる。この場合には，どの人も別に考慮すべきである（連邦雇用局の記入の仕方の見解，この記入の仕方によれば，居住状況に関して家計を共にする人たちの記入だけを要求しており，これに対し純粋な住居共同体に同居する者の記入は要求されていない，7ページ）。

例1：AとEは3人の子どもX，Y，Z（すでに18歳に達しており，前提条件を満たせば独立した要扶助世帯と見なされる）と同居している。全員を合わせて考慮すれば，95～100平方メートルの居住面積が妥当である。住居と暖房の費用（700€）は全員に割り当てられるので，1人当たり140€になる。Zが扶助を必要としていなければ，A，E，X，Yに対しそれぞれ140€ずつ査定される。Zは（社会法典第2編第9条第5項の推測による例外がない限り；欄外番号103以下参照）自分の分を自分で負担しなくてはならない。

例2：AとBはCに転貸している。Cが失業手当Ⅱの受給者であれば，Cには45～50平方メートルの居住空間部分が適切である。住居と暖房の費用はCの分だけ支給される。基本的には人数で均等割りされる。

二つ目の算定構成要素である適切な平方メートル当たりの価格は，低価格帯の該当者にふさわしい住居によって定められ，その土地の事情との具体的な関

第 3 章　各種給付　83

連のために，基本的には当地の家賃表が借用される（参照：社会法典第12章第29条連邦議会印刷物 15/1514 と Bruhn/Bruhn-Tripp. 29頁）

例：F家は95平方メートルの住居に住んでおり，当地の現在家賃価格は 6.14€ と認定されている場合，住居費は 583.30€（95平方メートル×6.14€）までは適切である。この上限を超えない限り，実際の支出額が補償される。

適切な価格を超えた場合，適切な価格と実際の価格の差額を扶助を必要とする者自身が（算入できない所得および資産から）負担することが許可されているかどうかについては，従来議論の的となっていた（これについては理論と実践のコメント，連邦社会扶助法第12条，欄外番号35以下；ならびにエストライヒャー／シェルター／クンツ，連邦社会扶助法第12条，欄外番号9参照）。このような可能性にとって，法律の文面は有利に表現しており，それによれば費用は適切である（「場合は」ではなく）「限り」負担することができる。

## 2．適切な暖房費のための給付

住居費の他に暖房のための給付に対する請求権も生じる。暖房費は一括化の条令がないので，実際の金額が支給される（社会法典第2編第22条第1項第1文）。ここでも法律成立根拠によれば，従来の連邦社会扶助の実践を参考にすることができる。それによれば，暖房費は基本的に，暖房費精算で生じたとおりの金額が支給される。たいていは月々の暖房費前払いであり，場合によっては暖房費追加支払い（または返還請求）も加わる。

しかし暖房費も適切な金額に限り支給される。この点については多数の要素によって決まる。社会法典第12編第29条第3項はとりわけ個人および家族の状況，住宅の大きさと状態，既設の暖房方法と当地の事情について述べている（社会法典第12編第29条第3項）。これらの要素は，社会法典第2編でも考慮することができる。その際には，各々の暖房設備を使用する消費者の居住面積に

関連した平均消費量に相当する暖房費が，従来どおり重要な目安となるであろう（ブリュール，63ページ参照）。居住者が複数の場合には，基本的にそれぞれの持分に応じて配分される。

### 3．不適切な住居費の引受

　基本的には適切な費用だけが支給される。しかし適切な需要を超える住居費も，扶助を必要とする者または要扶助世帯にとって支出を減らすのが不可能（たとえば賃貸市場にふさわしい物件がないので），または要求できない限り，支給されることがある（社会法典第2編第22条第1項第2文）。法律では，費用を抑えるためにとりわけ転居や転貸が求められているが，その他の対策（「あるいはその他の方法で」）でもかまわない。賃料の地域による特性に関連して，必ずしも他市への引越は要請されないという前提から出発するとは限らない。

　その他の詳細については，社会扶助法の規定を参照するよう法律成立根拠は示唆している。それによれば，扶助必要性が一度きりで一時的である場合（たとえば就労予定がすでにある場合）および例外的に高齢者，病人，障害者（たとえば今まで長期間にわたって一つの住居に住んでいた比較的高齢の盲人；ハウク／ノーフツ，社会法典第2編，第22条，欄外番号18，理論と実践のコメント，連邦社会扶助法第12条，欄外番号38；ショッホ33ページ参照）については，住居費の減少は要求できないと考えられる。

　原則として不適切な費用は6ヶ月を最長限度として支給される。すなわち立法者は今までの実践と照らし合わせて，該当する費用減少対策にとって，この期日は基本的には十分であると見なしている。しかし期日は一つの通常規則に過ぎず，個々のケースでは規則から外れる場合もありうる。従来のように集中的な尽力にもかかわらず無駄に終わったことが証明できれば，期日の延長も可能であるという前提で解釈すべきだろう（ブリュール，60ページ参照）。

　例：既婚のEとFは80平方メートルの広さがある3部屋の住居に住んでい

る。二人とも長期間の失業が原因で失業手当Ⅱの受給者になり，住居のための給付を請求している。現在の住居費は適切ではない。住居が適切な面積である60平方メートルより大きいからである。それにもかかわらず，引越または三つ目の部屋の転貸により費用を抑えられるようになるまで費用は支給されるが，（特別な事情がない限り）6ヶ月を限度とする。

社会法典第2編第22条第1項第1文の文面からは，費用が減少されなかった場合，少なくとも適切な費用は支給されるということになる。社会法典第2編第22条第1項第2文は，適切な範囲を超えた費用に対してのみ該当するからである（レンズ／ヘロルド＝テューズ，第22条，欄外番号12も同解釈）。

## 4．他の住居への引越

新居への引越にあたっては，引越の際に生じる費用の引受(b)と新しい住居の費用引受(a)とを区分する。どちらの場合も給付受給者は，確約を得なくてはならないが，確約の授与にはさまざまな前提条件がついている。

a）新居の住居費と暖房費の引受

新しい住居の賃貸契約を結ぶ前に，扶助を必要とする者は新しい住居の支出について地方自治体実施者の確約を取らなくてはならない（社会法典第2編第22条第2項第1文：行政行為）。従来とは違って，新しい契約を結ぶ前に社会扶助実施者に住居費の適切性にとって基準となる状況について知らせるだけでは十分ではなくなった。引越が必要で新しい住居のための支出が適切である場合，実施者は確約交付の義務を負う（社会法典第2編第22条第2項第2文；この点も連邦社会扶助法とは違う点である。希望と選択の権利の枠内では，基本的に希望が適切なら十分であったからである）。引越が必要と見なされるのは，たとえば就労するのに引越が必要な場合，明け渡しの確定判決が下った場合，従来の住居が健康上の要求を満たしていない場合，狭すぎるまたは高すぎる場合，既婚者

が離婚する場合などである（従来の法律に関してはクルーゼ／ラインハルト／ヴィンクラー，連邦社会扶助法第22条，欄外番号42，43参照）。住居費の適切性については，上記を参照のこと。しかし「義務を負う」という文面は，前提条件が欠けている場合にも実施者は，裁量義務の枠内で確約を交付できることを示唆している。

　扶助を必要とする者が今後の支出について事前に確約を得ずに引っ越した場合，法律にはその帰結についての規則はない。このような場合，従来は連邦社会扶助法が有効であり，新居の費用が極端に高い場合には，支給されねばならなかったのは適切な費用のみであった（通常基準条令第3条第1項第3文，半額基準2：理論と実践のコメント，連邦社会扶助法第12条，欄外番号39以下，43以下；フィヒトナー／ヴェンツェル，連邦社会扶助法第12条，欄外番号15以下）。判決によれば，必要情報が社会扶助実施者に知らされないままであった場合でさえ，このことは該当した（理論と実践のコメント，第12条，欄外番号45）。新たな法的状況でもこのように引き継がれるかどうかは疑問である。

　契約締結「前」に確約を得なければならない，ということは確約を得なかった場合に費用引受にとって不利な材料である。一方，法律では確約は強制と見なしていない。扶助を必要とする者は確約を得る「べきである」と規定されているに過ぎない。この点では社会法典第2編第21条第3項の表現は異なり，確約をはっきり引越費用引受の前提条件として記している。このことから，また前提条件が存在する場合には確約を与える義務があるという事実から，確約が与えられなければならないような場合，つまりすべての前提条件が満たされている場合には，いずれにせよ確約が欠けていてもさして重要ではない，と判断できる。


　例：だんだん歩行困難がひどくなっているE（しかし就労は可能）は，4階の住居から30平方メートルの1階の住居に引っ越す。新居の賃料は適切であるが，前もって確約を取るのを忘れている。

ここでさらに，確約授与のための前提条件が満たされていなかったら，とくに新居の費用が不適切であったら，どうなるのだろうかという疑問がわく。このような場合従来なら，それでも適切な費用は支給されねばならなかった（通常基準条令第3条第1項第3文，半額基準2）が，社会法典第2編では該当する規則がなくなってしまった。したがって今後もいかなる場合でも，適切な費用を支給すべきかどうかは疑問である。この点について，同意の必要条件は第一に事前のアドヴァイスと影響力の行使に役立つべきであって，したがってそれでも引越が行われた場合，生存の保障として必要最小限はいかなる場合にも支給されなくてはならない，とくに適切な費用に限る支給によって実施者に不利な点がないならばなおさらである，と申し立てることができよう。

　社会法典第2編第22条第2項が—通常基準条令第3条とは異なり—適切な費用の支給を必ずしも定めていないという事実は，確約がない場合の費用の支給にとって不利な材料である。そのうえ従来とは違って立法者は「確約」について，賃貸契約を結ぶ前に行われなくてはいけないということにしている。しかし費用が適切でないために確約が拒否される（または拒否されるであろう）としたら，適切である費用に対しても支給される根拠はない。従来は引越の権利も希望および選択の権利の枠内に生じていたが，その権利を社会法典第2編は認めていない。契約締結前の同意の必要条件という構成から，このような場合には引越が完全に阻止されるべきであると推測できる。しかし結局は，適切な費用の支給義務についての論拠のほうが強いといえよう。社会法典第2編第22条第1項第1文は一般原則として，適切な費用の支払い義務を定めているからである。このような背景があるので，いついかなる場合にも適切な費用の支払い継続をとくに義務付ける—従来とは違って—必要は，もはやなくなったと思われる。社会法典第2編第22条第2項には確約がない場合についての規則が含まれていないので，むしろ社会法典第2編第22条第1項第1文の原則を直接適用できる（ハウク／ノーフツ，社会法典第2編，第22条，欄外番号24ならびに結果としてレンズ／ヘロルド＝テューズ，第22条，欄外番号20）。したがっ

て確約は，ともかく広範囲にわたって無意味となろう。

## 5．住居調達，賃貸保証金，引越費用のための支出

もう一つの問題は，引越の場合に住居の調達，賃貸保証金，引越のための費用が支給されるかどうか，どの程度支給されるかである。費用支給の前提条件は，法律の文面によれば「司法自治体実施者による事前の確約」（行政行為）である。したがって，たとえば費用が実施者の確約の前に契約によって根拠付けられた場合など，基本的には同意がなければ費用は支給されない，という前提から出発すべきである（通常基準条令については理論と実践のコメント，連邦社会扶助法第12条，欄外番号48参照）。

従来すでに社会扶助法でそうであったように（通常基準条令第3条第1項5，6ページ），二つの前提条件が累積している場合には確約が授与されるべきである。一つは引越が地方自治体実施者の都合で必要であるか，その他の理由により必要でなければならない（必要性については欄外番号224参照）。もう一つの前提条件は，確約がなければ住居が適切な期間に見つけられないことである。期間の長さは個々の場合の状況に応じて合わせられるが，6ヶ月まで期間は従来原則としてふさわしいと見なされてきた（フィヒトナー／ヴェンツェル，連邦社会扶助法第12条，欄外番号21）。これらの前提条件が満たされていれば，確約は通常の事例においては授与される。前提条件が満たされていなければ，費用引受に対して確約を交付するかどうかは，地方自治体実施者の裁量義務の範囲内にある。

確約があれば，以下の費用が支給される。
- 住居調達のための費用，たとえば住居の下見，場合によっては仲介業者あるいは新聞広告（部分的には異論がある）の費用
- 賃貸保証金（ドイツ民法典第551条）
- 引越のための費用，つまりとくに雑費（たとえばガソリン，引越用自

動車の賃料)，超過費用(たとえば手伝ってくれる知り合いのための費用など)ならびに場合によっては，扶助受給者が自分自身で引っ越すことができなければ引越業者の費用(従来の法律についてはエストライヒャー／シェルター／クンツ，連邦社会扶助法第12条，欄外番号10以下；理論と実践のコメント，連邦社会扶助法第12条，欄外番号47，48)。しかしここでも経済性と節約性の原則は有効である(社会法典第2編第3条第1項)。

引越費用をどのような金額で支給するかは，法規命令により定めることができる(社会法典第2編第27条第2番)。そのような命令はまだない。

### 6．貸主またはその他の受け取る権利のある者への支払い

扶助を必要とする者による目的に沿った使用が保障されていない場合には，従来の社会扶助法のように(連邦社会扶助法第15条a第1項第3文)，住居と暖房のための給付は直接貸主またはその他の受領資格者に支払うべきである(社会法典第2編第22条第4項)。法律成立根拠は例として，飲酒癖や不経済な行動が続く場合を挙げている(連邦議会印刷物15/1516第22条第3項について)。「保障されていない」という文面に基づいて，本来の目的から外れた資金流用の具体的な指摘，たとえば近頃家賃が支払われていない，などが要請されている。貸主への支払いは2005年6月30日までは，2004年12月31日にすでに有効であった協定または行政行為に基づいて行うことができる(社会法典第2編第65条e第1項)。

### 7．家賃負債の引受

求職者のための基礎保障は，現在生じている困窮を取り除くためのものである。したがって基本的に負債を引き受けることはできない。負債は過去に起こった苦境に該当するからである。しかしながら社会法典第2編は次のような一つの例外を作った。住居の喪失により具体的に予定された就労が阻止されるよ

うな場合には，家賃負債を引き受けることができる（社会法典第2編第22条第5項）。この規則は従来の連邦社会扶助法第15条aに類似している。連邦社会扶助法第15条aでは，家賃負債の引受が住居の保障または匹敵するような苦境の除去，とりわけホームレス防止のために正当である場合は，とくに家賃負債の引受を貸付または補助として定めていた。これに対して社会法典第2編第22条第5項による家賃負債の引受は，より厳しくなり，今後は二つの累積する前提条件を満たすことを求めている。第一に住居を失う恐れがなくてはいけない。つまりその他の苦境は対象から外れた。第二にその恐れによって，具体的に予定された就労が阻止されなくてはならない。すなわち，住居を失う恐れと就労機会の喪失との間に因果関係が生じなくてはならない。

これらの前提条件が満たされていれば，負債引受についての決定は実施者の裁量にかかっている。負債引受は貸付の形でしか行われない。この貸付の返済に対しては，社会法典第2編第23条第1項第3文の規則が対応して適用される（結果的にレンズ／ヘロルド＝テューズ，第22条，欄外番号33も同解釈；法律には批判的）。

しかしその他にも，社会扶助法の前提条件を満たせば（社会法典第2編第5条第2項と関連して）社会法典第12編第34条による特別な場合における生活扶助給付として，住居の保障あるいは匹敵する苦境の除去のために引受が正当である場合には，負債の引受の可能性が生じる。負債の引受が正当であり必要である場合，とくに住居を失う恐れがある場合には通常の事例では負債は引き受けられるべきである。金銭給付はこの際，補助または貸付として支給することができる。

## V．一時需要に対する給付

経常的給付と一時的給付が二つの「給付カテゴリー」として，必要な需要を満たすために補い合っていた従来の社会扶助法とは異なり，社会法典第2編は最終的に決定された三つのケース－家庭用器具を含む住居の初めての設備調度

費，妊娠・出産時を含めて被服の初めての準備費，数日にわたる学校旅行－に限り，一時需要に対する給付を定めている（欄外番号141以下参照）。「例外的給付支給」という一つの条項にこれらのケースを規定することによって，立法者はこれらのケースが例外であることをはっきりさせている。

## 1．家庭用器具を含む住居の初めての設備調度費

今まで社会扶助法においては，小規模でない家具ならびに使用期間が比較的長く調達価格が比較的高い消費財のための支出は，一時的給付として支給されていた（連邦社会扶助法第21条第1項a第3番，第6番）。これらの支出は今後，通常給付からまかなわれる。通常給付以外の支払いは，初めての準備費に限られている。社会法典第12編第31条の並行する規定への法律成立根拠（連邦議会印刷物15/1514）によれば，初めての準備はたとえば住居の火災または拘留後の初めての賃借の場合に考慮される。

何が初めての準備に含まれるか，という質問には，基本的には連邦社会扶助法に基づく従来の判決を今後も参考にできる。ここでも，社会文化的最低生活費を保障することが目的だからである。したがって特定の対象物について，社会にどれくらいの比重で供給されているかは重要な徴候であるが，快適さだけを現す対象物は把握されない。何が初めての準備に含まれるか，という質問に関しては，基本的に連邦社会扶助法第21条第1項aの従来の解釈が参考になる（支給されたのはベッド，たんす，居間の簡素な調度品，台所設備，照明，カーテンまたはその類，寝具，食器，通常は洗濯機およびラジオ／テレビなど；従来の法律についてはたとえばビュールによる一覧表，90ページ以下，理論と実践のコメント，連邦社会扶助法第21条，欄外番号49以下；メルグラー／ツィンク，第12条，欄外番号29以下参照）。

## 2．妊娠・出産時を含めて被服の初めての準備費

被服や下着，靴の維持費の大部分，およびそれらの調達価格が高い入手費用

は、今まで一時的給付として支給された（連邦社会扶助法第21条第1項a第1番）。これらの費用は今後、一括化された通常給付から負担することになる。被服の初めての準備費だけが、今も別枠で支給される。初めての準備例として法律が挙げているのは妊娠と出産であり、（この点については同じ文面の社会法典第12編第31条第1項の）法律成立根拠は、とくにすべてを損失した場合（たとえば住居の火災後）あるいは例外的な状況に基づく新たな需要に、このようなケースを認めている。初めての準備費の範囲という問題については、従来の原則（たとえばブリュールによるリスト、77ページ以下参照）およびドイツ公私福祉協会の基本的設備推奨例（小紙第60号、第2版、1990年、21ページ以下）を、目安として参考にできる。今や連邦議会は、被服ばかりでなく、たとえば乳母車などのベビーの初めての準備費の採択を要請した（2004年11月5日付連邦政府決議、連邦政府印刷物676/04、記号8）。

### 3．数日にわたる学校旅行

数日にわたる学校旅行に対しても一時的給付は支給される（社会法典第2編第23条第3項第1文）。これは社会扶助受給者に対する以前の法的状況に相当する（連邦社会扶助法第21条第1項a第3番；理論と実践のコメント、第21条、欄外番号42参照）。給付の前提条件は、今後も学校法規定の遵守である。したがって旅行の内容審査（旅行が教育上の意義深いか、など）もないし、子どもが参加しなければ子どもが重大な不利を蒙るか、という質問の吟味もない。上限は法律には定められていない。

### 4．一時的給付の支給

住居および被服の初めての準備のための給付は、金銭給付または現物給付（商品券形式も含む）として支給することができる（社会法典第2編第23条第3項第5文）。基本的には中古品使用も要求できる（第23条第1項の法律成立根拠、連邦議会印刷物15/1516）。

第3章　各種給付

従来の社会扶助法のように（理論と実践のコメント，連邦社会扶助法第21条，欄外番号11参照），給付の前提条件さえ再度整えば，社会法典第2編第23条第3項による給付は繰り返し支給することができる。

住居および被服の初めての準備のための給付は一括化できるが，数日にわたる学校旅行のための給付は一括化できない（社会法典第2編第23条第3項第4文）。包括額の査定にあたっては，必要な支出および経験的に納得できるような申告が考慮される（社会法典第2編第23条第3項第6文）。さらに連邦経済雇用省は，法規命令によって家庭用器具を含む住居の初めての設備調度費，ならびに被服の初めての準備費のための給付の包括額を決定する権利を持つ（社会法典第2編第27条第3番）。一括化について法律の異なる二つの箇所に規定が含まれており，内容的にも一部重なりあっているということは（第23条第3項第5文には，どのような一括化が認められているかという問題に関する原則が含まれている；第27条第3番によれば，この問題は法規命令により定められるべきである），一括化について二つの異なる可能性が扱われており，すなわち第一には給付実施者に個々の場合の一括化の権限を認めており，第二には命令発令者に共通規則の権限を認めている，ということになる（そのような命令はまだない，レンズ／ヘロルド＝テューズ，第23条，欄外番号25は別見解）。

## 5．経常的扶助受給がない場合の一時的給付

一時需要のための給付は，経常的扶助受給がなくとも支給される。すなわち扶助を求める者が，住居と暖房の費用を含む生活費保障給付を必要としなくとも支給される。前提条件は，扶助を求める者は自己の能力および資力で，経常需要をまかなうことはできるが，列挙された三つの場合における需要をすべてはまかなえないということである（社会法典第2編第23条第3項第3文）。

例：独りで子育てをしているEはその子ども（P，10歳）と一緒に，旧連邦諸州に家賃の支出なしで住み，考慮すべき所得が合計577€ある。この家族の

需要は552€（通常給付がEに対して345€，Pに対して207€）になる。したがってEの1ヶ月当たりの所得は，需要を25€超えている。Pの学校旅行に今度100€かかることになり，この出費は経常的所得ではまかなえない。

このような場合，一時的給付が考慮される。しかし扶助を必要とする者が，決定した月の後6ヶ月以内の期間に得る，需要を超える所得分については，算入される可能性がある。したがって扶助を必要とする者は，需要を超える所得分を7ヶ月まで考慮に入れるよう示唆されるかもしれない。実際にはこのことから，まず「通常の」需要決定額を用いて，所得のどの部分が需要を超えていて，場合によっては費用をまかなうために投入するのか算定すべきだと言える（従来の社会扶助では，通常基準の10％分だけ引き上げられた独自の必要性限度が部分的に用いられた，たとえばブリュール，140ページ；クルーゼ／ラインハルト／ヴィンクラー，第21条，欄外番号22参照；社会法典第2編第23条第3項の文面は，このような機会を認めていない）。所得が実際に何ヶ月考慮されるのかは，給付主体の裁量にかかっている。

実際には許容しうる投入期間は今までは——一時的給付の種類によって——，部分的には（いわゆる乗数を使って）狭められた。一時需要の三つの場合だけに対する法律の6ヶ月規定により，このような措置は今後不可能になり，むしろ個人的事情が基準となってくるように思われる（理論と実践のコメント，連邦社会扶助法第21条，欄外番号62以下ならびにフィヒトナー／ヴェンツェル，連邦社会扶助法第21条，欄外番号17，18）。

例1：同上；給付主体は——裁量義務の枠内で——，学校旅行のための100€をEが調達するよう要請できる。

例2：学校旅行に190€かかる場合，所得は175€（25€ずつ最長7ヶ月）まで算入され得る。15€の超過分は一時的扶助として支給されなくてはならない。

第 3 章　各種給付

　この 7 ヶ月の期間中に他の一時的給付の必要性（たとえば他の子どもの学校旅行）が生じ，この期間の所得超過分がすでに考慮されている場合，法律の文面（「…が決定された月が経過してからさらに 6 ヶ月」）により，その他の支出のための考慮期間を，後の期間に延期することはできない。

## VI. 不可避の通常需要における貸付

　社会法典第 2 編の通常給付は，包括給付として支給される。立法者は，通常需要は―比較的長い間隔を置いて生じる調達も含めて―基本的に連邦社会扶助法に比べて引き上げられた包括給付（およびそれに関連する節約貯蓄の可能性，社会法典第 2 編第 12 条第 2 項第 4 番）でまかなうことができる，という前提に立っている。しかしどの一括化にも，扶助を必要とする者がそれにもかかわらず特定の需要を包括給付ではまかなえない，という危険が潜んでいる。とりわけ従来は一時的給付でまかなわれていた，高価でまれな調達ならなおのことである。社会法典第 2 編は，通常給付自体に含まれている不可避の需要が他の方法では満たせない場合に，貸付支給の可能性によってこの危険に対応している（社会法典第 2 編第 23 条第 1 項）。

　不明確なのは，社会法典第 2 編第 23 条第 1 項にはすでに通常給付を受給している扶助を必要とする者のみが含まれるのか，それとも自分の生活費は自己の能力でまかなっているが，特定の需要を満たすことができないような人たちも含まれるのか，という点である。法律の文面からは，前者のようである。社会法典第 2 編第 23 条第 1 項は通常給付受給なしの給付支給をはっきりと定めているものの，ここでは相当する規則がない。返済方式も，通常給付を受けているという前提に立っている。一方で，経常的な生活費保障給付を受けていない人たちにも，社会法典第 2 編第 23 条第 1 項を適用する実際の必要性が生じる可能性はある。なぜなら，所得が限度額をすれすれで上回った人も（自由に使えるのが場合によってはほんのわずかの€分だけ少ない）給付受給者と同じく，経常的収入では特定の不可避の需要をまかなえない状況に陥る可能性があるか

らである。この点については，実践を待つより他ない。

　貸付給付の前提条件は，第一に通常基準でまかなうべき不可避の需要が該当者自身に生じることである。通常基準に含まれるのは，社会法典第2編第20条第1項によればとりわけ食料品，被服，保健衛生，家具，日常生活上の需要ならびにまわりの世界との交際および文化的生活への参加である。このリストは最終的な決定ではなく，したがって輪郭をはっきりさせるためにはむしろ逆に，どの需要が通常給付には含まれていないのか，と質問したほうが良い（欄外番号145参照）。実際には何よりも住居と暖房の費用に関ってくる。しかし，この費用には貸付は支給されない（ここでは引越が必要な場合または引越が不可能な，あるいは要求できない場合，不適切な費用も継続して支払われる）。

　給付の前提条件はさらに，状況によって生活保障のための不可避の需要が生じることである。「不可避」ということばは法律成立根拠には解説されていないが，需要を満たすことがどうしても避けられないような，非常に厳しい基準を適用するよう示唆している。その判断は個々の場合にしかできない。法律の文面からは，規則は一度限りの需要または一時的な苦境に限られてはいない（しかし返済義務があるので，その他の場合はあまり考えられない）。

　給付のさらなる前提条件は，不可避の需要が他の方法では満たせないことである。このことは以下の事項を前提条件にする。

- 扶助を必要とする者とこの者と共に要扶助世帯にいる者たちは，社会法典第2編第12条第2項第4番による活用できる資産を持っていない。要扶助世帯に生活している扶助を必要とする者各々にここで定められた750€の控除額は，したがって社会法典第2編第23条第1項による貸付が支給できるようになる前に，活用されなければならない。逆に社会法典第2編第12条のその他の控除額に含まれる資産は，活用されない。
- 需要は他の方法でも満たすことができない。法律成立根拠は，ここでたとえば中古被服室や中古品倉庫による需要の充足を示唆している。

第3章　各種給付　97

　扶助を必要とする者が，（「該当する証明書によって」）前提条件が満たされていることを証明したら，需要が満たされることに対する請求権を得る。現物給付または金銭給付によって支給することができるが，法律成立根拠に基づいて，現物支給では基本的に新品の品物に対する請求権は生じない。どちらの給付も貸付としてのみ支給される。現物給付の場合，貸付は職業斡旋所に生じた入手価格の金額で支給される（社会法典第2編第23条第1項第2文）。

　法律は貸付返済の方式を定めている（社会法典第2編第23条第1項第3文）。それによると，貸付金額は支給される通常給付（つまり増加需要や住居／暖房のための給付ではない）の10％まで毎月相殺される。この際に扶助を必要とする者と，その要扶助世帯に同居している人たちの通常給付が考慮される。「まで」という言葉遣いから，毎月の分割払いをより少額で精算することもできる。これは給付主体の裁量にかかっている。「まで」という言葉遣いと通常給付の目的（最低生活費の保障）から，複数の貸付の場合にも，通常給付の10％を超える算入は行えないであろうと推測できる（クラーマー，179 ページは別見解）。


　例1：事故が原因で，1月半ばにEのたった1枚の冬用オーバーと冬靴がだめになってしまった。Eはこれらを再び入手するのに，80€を払わなければならない。Eには（社会法典第2編第12条第2項第4番の指す）必要な調達のための算入されない資産はなく，通常給付からも80€をまかなうことはできない。中古被服室には冬靴も冬用オーバーもない。したがってEには，給付主体からオーバーと靴を得るか，調達に必要な金額を得る権利がある。しかしこの給付は，80€の貸付に対してしか得られない。その返済のために，毎月34.50€（10％）まで345€の通常給付から差し引くことができる。返済は次のように行われる。2月と3月には通常給付の支払いは310.50€だけであり，69€が返済されている。残りの11€は4月に差し引かれ，Eは通常給付として334€のみを受け取る。5月からはEは再び通常給付全額を受ける。

　代替例：Eは毎月35€の金額は調達できないが，その他の返済，たとえば

4ヶ月に20€ずつの清算が可能である。その場合Eは、2月から5月まで通常給付として月々325€だけを受給する。

例2：新連邦諸州に娘T（12歳）と一緒に住む夫婦EとFの台所が、事故によって破壊されてしまった。不可避の必要な品物を再び入手するのには1,500€必要であり、その他に中古品倉庫で入手することも可能である。Eには（社会法典第2編第12条第2項第4番の指す）必要な調達のための資産が500€あり、Fには同様の資産が200€ある。この家族は1ヶ月当たり795€の通常給付を受けており、さらに住居と暖房のために300€、扶助の必要な障害者としてFに対し104€の増加需要を受給している。必要な品物の再入手のために、EとFは資産の活用により700€を投入する。したがって800€の需要が残っている。この金額を家族は金銭の貸付として受給する。返済として毎月最高で79.50€（要扶助世帯に対する通常給付の10％）を通常給付から差し引くことができる。この場合返済額は10ヶ月間毎月79.50€となり、この間家族には毎月通常給付が715.50€だけ残る。

初めの概説で、給付の一括化のために広い範囲で個人の給付査定が行われなくなったことについてすでに述べた（欄外番号46参照）。通常給付（引き上げられた包括額にもかかわらず）や場合によってはそこから節約して貯められた資産が必要な需要を満たすのに不十分な場合には、社会法典第2編第23条第1項による貸付しか残されておらず、通常給付から返済されなくてはならない。したがって実際には、法律で定められた給付より高額が継続的に支給されることはあり得ない。この点については一部から激しく批判され、社会文化的な最低生活費が今もまだ保障されているのかどうか、疑問視されている（アダミー、290ページ、クラーマー、180ページ以下など）。この問題は今後も裁判で何度も扱われることになるだろう。この著書の枠内では、土台となる憲法を検討する余地はない（さらに詳しくは理論と実践のコメント、連邦社会扶助法第1条、欄外番号6以下、マウンツ＝デューリッヒ、第1条、欄外番号114参照）。

第 3 章　各種給付　　99

　社会法典第 2 編第 23 条第 1 項（および場合によっては社会法典第 2 編第 22 条第 4 項）による貸付の返済に関する裁量実施にあたっては，社会福祉国家の規則の要求（基本法第 20 条第 1 項に関連して第 1 条第 1 項）を考慮すべきである。ここには社会法典第 2 編の憲法に合致した解釈にとって，自由裁量の余地がある。たとえば社会法典第 2 編第 23 条第 1 項による返済が相応に低く設定される（クラーマー，182 ページも同見解，彼は固定した 5 ％上限を提案している，ならびにミュンダー，新法律週刊誌 2004，3212 ページ）。

## Ⅶ. 貸付としての生活費保障給付支給

　2004 年 7 月 30 日付の地方自治体オプション法（連邦官報Ⅰ，2014 ページ）とともに，ようやくある規定が採択された。その規定によれば給付が支給される月に収入が生じる予定がある限り，生活費保障給付を貸付として支給してもよい（社会法典第 2 編第 23 条第 4 項）。法律成立根拠に基づいて（連邦議会印刷物 15/2997，第 1 条第 12 番 a）この規定はとりわけ，扶助必要性が後の所得流入あるいは資産増加により，その月に減少したり排除されたりすることが前もってわかっているような場合に該当する。

　したがってこの規定は，社会法典第 2 編第 23 条第 1 項で定められている，不可避の需要において通常給付の他に貸付を支給する可能性とは，区別すべきである。ここで問題になっているのは追加給付ではなく，生活費保障給付全体自体（すなわち社会法典第 2 編第 21 条による増加需要，ならびに社会法典第 2 編第 22 条による住居と暖房の費用をも含む）を貸付として支給する可能性である。

　前提条件となるのは給付支給のその月（需要期間）に所得または資産が生じる予定であることで，典型的には就労開始であるが，たとえば相続財産の場合にも該当する。「予定である」という言葉に基づき，この件について実施者の予測が必要である。

　疑問が生じるのは所得／資産が月の途中になってようやく発生する場合，何

が有効であるのか，ということである（例：初めての給与支給が7月半ば）。この場合給与は7月全体に対して支給されるのだから，7月の給付全額が貸付として支給されるのか，それとも月の後半用に定められた失業手当Ⅱの一部だけが貸付として支給されるのか（特定の支出，たとえば家賃や1ヶ月の定期券などは普通月初めに生じるのだから），法律と法律成立根拠が所得／資産発生にしか照準を合わせていないということは，前者に有利な材料である。失業手当Ⅱ・社会手当条令第2条第1項では，所得はその流入時点とは関係なく流入した月に対して考慮される，と規定されている。連邦社会扶助法に対し連邦行政裁判所もそのような判決を下した（5C68/03：需要期間は暦月）。したがって所得／資産が発生した場合はその月の給付全額が貸付として支給され，すなわち返済されなくてはならない，という前提に立つ。

所得／資産発生に関する予測が肯定的なら，給付が貸付として支給されるかどうかの決定は，実施者の裁量にかかっている（「できる」）。その際に－類似する連邦社会扶助法第15条bの場合のように－どの程度貸付の返済が可能なのかが，重要になるはずである（理論と実践のコメント，連邦社会扶助法第15条b，欄外番号14以下参照）。

貸付の返済についての規則を法律は定めていない。この点については実施者の裁量による。

## Ⅷ. 失業扶助受給後の期限付きの加算

以前に社会法典第3編による失業手当を受給していた失業手当Ⅱの受給者（しかし社会手当の受給者ではない，社会法典第2編第28条第1項）は，失業扶助終了後の初めの2年間は，通常の求職者基礎保障給付に加え加算を受ける（社会法典第2編第24条）。この加算が考慮しているのは，以前の失業扶助受給者の多くは長年の就労とそれに相当する保険料支払いにより，新しい給付を受給する前に失業保険から請求権を獲得した，という事情である（社会法典第2編第24条の法律成立根拠，連邦議会印刷物15/1516）。加算は，通常は失業扶助から新し

い給付への移行の際に生じる（同前），所得損失の一部を緩衝を効かせて受けとめるためのものである。この加算は立法手続きにおいても，とりわけ就労に対する否定的な促しがありうるために議論の的となった。

　加算の前提条件は，失業手当Ⅱが失業扶助請求権終了後2年以内に（たとえば社会法典第3編第144条は該当しない）支給されることである。とりわけ

- 失業手当受給直後の失業手当Ⅱ受給。
- 過渡期間：失業扶助受給後の失業手当Ⅱ受給（2年の期日がまだ残っている限り，つまり失業扶助が2004年12月31日の時点でまだ2年間受給されていない）。
- （2年の期限だけに照準を合わせている）法律の文面および法律成立根拠から，失業扶助と失業手当Ⅱの間に空きがある状況も含まれている。たとえば扶助を必要とする者が失業扶助の請求権を使い切った後で独立したが，その後初めて失業手当Ⅱを受給する場合，あるいは失業扶助の請求権を使い切った後で短期間の間再び職を見つけたが，それにともない社会法典第3編による失業扶助の新たな請求権を得られない場合，または扶助必要性が不十分なため短期間の間失業手当Ⅱの請求権がない場合など。

　法律成立根拠によれば，2年の期限は失業扶助受給終了後すぐに始まり，失業手当Ⅱの申請書がいつ提出されたかには関係がない（社会法典第2編第24条の法律成立根拠，連邦議会印刷物15/1516）。暦にしたがって期限は切れる（社会法典第10編第26条に関連して社会法典第2編第40条第1項；アシャイト／プライス／シュミット，欄外番号868）。

例1：Aの失業手当は2003年5月31日付で終了し，2003年6月1日からはAは失業扶助を受けている。必要な申請を行えば，Aは2005年1月1日からは失業手当Ⅱを加算も含めて受給する。この加算は2005年5月31日付で終了する。

例 2：A の失業扶助は 05 年 3 月 31 日に終了する。失業手当 II および加算は必要な申請により（社会法典第 2 編第 37 条）2005 年 4 月 1 日に始まる。加算額は 2006 年 4 月 1 日付で半額に減額され，2007 年 3 月 31 日に終了する。

代替例：A が 2005 年 9 月 1 日付でようやく申請書を提出する場合，A は失業手当 II および加算をこの時点からしか受けないが，加算額は 2006 年 4 月 1 日付ですでに減額され，2007 年 3 月 31 日付で完全に終了する。

　要扶助世帯の複数の構成員が失業扶助を受給していた場合は，各構成員が失業扶助受給終了後に加算を得る（連邦雇用局説明書，34 ページ），すなわち加算額はそれぞれ別々に計算される（パートナー双方の交換についてはハウク／ノーフツ，社会法典第 2 編第 24 条，欄外番号 15～17 参照）。

　加算額は，失業扶助受給終了時の関連する保護給付（世帯所得ではない）と，失業手当 II 受給時の要扶助世帯への給付の差額に基づいて，決められる。失業手当 II への移行にともなう所得損失を和らげるのが目的なので，基本的に失業手当 II 受給開始時の状況が基準となり，その後の変更は重要ではない。以下の二つの項目の間に差額が生じる。

- 就労可能な扶助を必要とする者が最後に受給した失業扶助，場合により受給した住宅手当も含む（社会法典第 2 編第 24 条第 2 項第 1 番）。
- 社会法典第 2 編第 19 条第 1 文第 1 番の指す，個々の場合に支払うべき失業手当 II，場合により要扶助世帯の構成員に支払われるべき社会手当も含む（社会法典第 2 編第 24 条第 2 項第 2 番）。社会法典第 2 編第 19 条第 1 文第 1 番の指す失業手当 II または社会手当として，生活費保障のための通常給付（社会法典第 2 編第 20 条），および社会法典第 2 編第 22 条による住居と暖房のための給付（この給付について社会法典第 2 編第 19 条第 1 文第 1 番に明確に示されている）が考慮される。社会

法典第2編第21条による増加需要のための給付も考慮されるであろう。この給付は社会法典第2編第19条第1文第1番には明確に挙げられてはいないが，第22条の表題から，同様に生活費の保障のためのものである。逆に社会法典第2編第26条による保険料補助は，考慮されないであろう。なぜならば，社会保険に加入している失業扶助ならびに失業手当Ⅱの受給者のために，社会保険の別の部門に直接流れる支払いを肩代わりしているに過ぎず，したがって差額決定においては考慮されないからである（欄外番号131も参照のこと，これによれば保険料補助は社会法典第2編第19条第1文第1番に該当しない）。支払われるべき失業手当Ⅱの金額に左右されるので，場合によっては第30条による就労により生じる控除額（欄外番号500以下参照）も含めた，所得と資産の算入に基づいた基準となる給付が土台となる（社会法典第2編第24条第2項第2番）。

　加算額は失業扶助終了後の1年目は，算定された差額の3分の2になる。失業扶助が失業手当Ⅱと社会手当の合計より少なければ，加算は支給されない。2年目には給付は半額に減額され，したがって差額の3分の1だけになる。3年目には加算は支払われなくなる。失業扶助受給終了1年後の加算額半減，およびその後3年目年初の消滅は，労働市場からますます遠ざかることを考慮し，就労への奨励を高める（法律成立根拠参照）。

　算定の公式は次の通りである。失業扶助＋住宅手当／失業手当Ⅱと社会手当×1年目は0.67（または2年目は×0.33）

例1：（典拠：連邦経済雇用省パンフレット，そこには19ページ以降に他の例も記載されている）：独身で，旧連邦諸州に住むAは2004年に失業扶助を1ヶ月当たり624.87€，ならびに住居費1ヶ月当たり302€に対して住宅手当78€，すなわち合計702.87€受給していた。この給付が終わった後，該当する必要性に基づいてAは662€の失業手当Ⅱ（通常給付345€，住居と暖房の費用317€）

を受給している。両方の保護給付間の差額はしたがって１ヶ月当たり 40.87 €になる。よってこの差額の 2/3 の給付額は，四捨五入して 27 €になる。

例２：Ａには失業中の妻Ｅと２人の子どもＳとＴ（６歳，８歳）がいる。この家族は 2004 年に 147 €の住宅手当を受けた。Ａは 2004 年に１ヶ月当たり 1,380.56 €の失業扶助を受給し，さらに 308 €の児童手当が支払われる。失業扶助受給者として算定の土台となる所得（つまり児童手当を除く）はしたがって，1,527.56 €になる。基礎保障給付の受給者としてこの一家には，1,266 €の需要（ＡとＥに対し 311 €；ＴとＳに対し 207 €，ならびに住居と暖房の費用に合計 538 €，児童手当の差し引きが 308 €）がある。こうして，従来の給付と新しい給付との差額は 261.56 €になる。Ａに対する差額の 2/3 の加算額は，四捨五入して 174 €になる。Ａに考慮すべき所得が 300 €ある場合，社会法典第２編による給付は 966 €だけになり，加算額は 375 €/188 €になる。

　加算は任意の金額ではなく，一定の上限をもって支払われる（社会法典第２編第 24 条第３項）。法律成立根拠によれば，新しい給付では需要に基づいたシステムになっており，その結果，基本的には失業扶助受給の枠内と同じような生活水準は保証できない，という点を考慮している。１年目の上限は，次の通りである。

- 就労可能で扶助を必要とする者　160 €。
- パートナー　320 €。もしパートナーの二人とも加算を受けていたら，どうなるのかが疑問である。確かに社会法典第２編第 24 条そして上限は，扶助を必要とする者１人１人別々に適用すべきである。しかし「合わせて」という言葉から，320 €の上限がパートナー両方の加算を合わせて該当するのは明らかである。
- 加算を受ける権利所有者と要扶助世帯に同居する 18 歳未満の子ども１人につき，加算額は 60 €引き上げられる。両親が二人とも加算を

受ける場合，それぞれに対してこの金額を考慮すべきかどうかは，疑問である。純粋な法律の適用は，そのために有利な材料を提供している。社会法典第2編第24条は，扶助を必要とする者各々に分けて適用すべきだからである。しかし，必要性に従属するシステムであるということを考慮すれば，加算の目的は子ども1人当たり上限額を1度だけ見積もる，すなわち，上限はカップル当たり子ども1人当たり320€から380€に引き上げられる，という見解に根拠を提供する。

2年目には法律は上限を設けていない。それは2年目の特別手当が半分になるため，それが上限について該当すると思われるからである。

例3：例1と同様，Aの失業扶助は2004年には1ヶ月当たり1,026.41€である。住宅手当は受けていない。この給付が終了した後，該当する必要性に基づいてAは662€（通常給付345€，住居費317€）の失業手当Ⅱを受給している。したがって両方の保護給付間の差額は，1ヶ月当たり364.41€になる。よってこの差額の2/3の給付額は，243€となる。ここで上限額が適用され，Aは1年目には160€，2年目には80€の加算しか受けられない。

例4：例2の上限額は440€（AとEに320€，TとSに60€ずつ）になる。

制裁期間には加算は行われない（社会法典第2編第31条第1，2項）。

## Ⅸ．付説：連邦児童手当法による児童加算

社会法典第2編自体には定められていないが，ここで連邦児童手当法第6条aによる児童加算の基本的特徴について簡単に紹介しておくべきだろう。この条項は労働市場における現代的サービスのための第4法により導入された。児童加算は両親が自身の需要は満たすことができるが，子どもの需要を満たすことができず，したがって子どもの生活費需要のためだけに失業手当Ⅱおよび（ま

たは）社会手当の請求権を持つような家族に対して定められた。この事情に対応して，児童加算は児童手当，場合によっては子どもに割り当てられる住宅手当の持分と合わせて，子どもの需要を満たすことができ，したがって要扶助世帯が社会法典第2編による給付を受給しなくてもすむように査定される。つまり，児童手当加算は失業手当Ⅱと合わせて支給されるものではなく，失業保険金を受給しなくてもすむようにするためのものである。

したがって児童加算支給のための前提条件は（連邦児童手当法第6条a第1項），家庭内に1人の18歳未満の子どもがいる者が，以下の条件を満たすことである。
- その子のために所得税法または連邦児童手当法による児童手当を受けている。
- 住宅手当を考慮に入れなくても，社会法典第2編の指す自分自身の需要—子どもの需要を考慮せずに—を満たすことのできる，自由になる所得または資産がある。この際，住居と暖房の費用から両親に割り当てられる部分を算定する特別な方式が定められている。この方式は，両親と子どもの最低生活費額についての連邦政府の報告に由来する（連邦児童手当法第6条a第4項第2文）。2005年については2004年2月5日付の報告（連邦議会印刷物15/2462）によれば，以下のように定められている。夫婦：1ヶ月当たりの賃料：331€，1ヶ月当たりの暖房費：64€；独身者：1ヶ月当たりの賃料：216€，1ヶ月当たりの暖房費：50€；子ども：1ヶ月当たりの賃料：67€，1ヶ月当たりの暖房費：13€；ここからそれぞれの持分が計算できる。賃料はたとえば子どもが1人いる場合，両親に割り当てられるのは83.2%，子どもが2人なら71.2%など（ヴィンケル，403ページ参照）。
- 得ている所得の金額は，最高でも自分自身の需要額プラス児童手当加算の合計額。
- 加算があれば社会法典第2編第9条の指す扶助の必要な状況を回避で

例：旧連邦諸州に住む夫婦AとEには，8歳と11歳の2人の子どもがいる。暖房費込みの家賃は1ヶ月当たり521€である。したがってAとEの需要は622€の通常給付＋371€の家賃（＝両親に割り当てられる部分71.2％），つまり合計993€である。よって算入すべき所得（資産）が993€から1,273€（993€＋児童加算の合計，すなわち280€）の間ならば，児童加算を受けられる。住宅手当は考慮されない。

児童加算は子ども1人1ヶ月当たり140€を上限とする。すべての加算合計が児童手当加算合計となり，最長で36ヶ月（合計，子ども1人当たりではない！）支給される（連邦児童手当法第6条a第2項）。

具体的な場合における加算額の算定は，次のように行われる。合計最高額（子ども1人当たり140€）に（社会法典第2編第11，12条の指す）子どもの所得と資産が，児童手当と住宅手当割り当て分を除いて算入される；連邦児童手当法第6条a第3項。

社会法典第2編の指す両親自身の需要—すなわち子どもの需要を考慮しない—を超す両親の所得と資産（住宅手当は除く）も算入される（連邦児童手当法第6条a第4項）。両親の所得／資産に該当するのは，独りで子育てをしている両親の片方，夫婦または登録した人生パートナーシップ，または婚姻に類似して同居しているカップルの所得／資産である。営業収益を算入する限り，この自身の需要を超えた収益の70％だけが，段階的に（10€の所得に付き7€ずつ）考慮される。その他の所得と資産は，全額が加算に算入される。複数の子どもに支払われる児童手当の減額が考慮される場合には，減額は児童手当加算の合計額に対してなされる（連邦児童手当法第6条a第4項第5〜7文）。

例1：前に同じ：AとEの需要は合わせて993€になる。二人に考慮すべき

所得がちょうど993€あれば、児童加算の合計額は280€になる。子ども自身に考慮すべき所得が毎月50€ある場合は、加算額は180€にしかならない。

例2：Eは仕事で10€多く稼いでいる場合、加算額は273€（280€－7€）になり、20€増えれば266€、…となる。このように計算を進めていくと、上限所得の1ヶ月当たり1,273€に達したところで（欄外番号291参照）、91€の加算が残る。これよりも所得が増えると、上限に基づいて加算が全くなくなってしまう。

就労による所得とその他の所得を合算して初めて控除額を超えてしまった場合には、まず就労による所得が超過を引き起こしたと見なされ（連邦児童手当法第6条a第4項第4文）、この点では70％だけが算入される。したがって全額算入されるのは、限度額を超えた所得が就労だけに起因していない場合だけである。

例3：例2と同じ、しかしFは所得の半分だけを就労から得ている。この場合には何も違いは起こらない。なぜなら、このような場合には算入に当たって、就労以外の所得ではなく就労による所得を考慮するよう法律が定めているからである。

児童加算は書状によって別に申請しなくてはならない（連邦雇用エージェンシー説明書、56ページ）。詳しい情報は、雇用エージェンシーの家族基金で得られる。

# B．失業手当Ⅱ／社会手当の金額と算出

給付額は需要と算入する所得／資産の差額により定められる。基本的には要

扶助世帯全体に照準を合わせたとしても，要扶助世帯の全体的な考慮（すなわち所得／資産全体を差し引いた需要全体）が，なされない場合もありうる。18歳未満で未婚の子どもの所得と資産は，部分的にしか要扶助世帯のほかの構成員に算入されないからである。したがってまず，要扶助世帯構成員は別々に考慮される。要扶助世帯に対する給付全体は，各人の需要と必要性の対比から算出される（いわゆる水平算出）。具体的にはここから数段階にわたる算定が行われる（図参照，付録2）。

1．要扶助世帯の各構成員の需要の確定，法律で定められた
   - 通常給付（社会法典第2編第20条）
   - 増加需要（社会法典第2編第21条）
   - 住居と暖房のための給付（社会法典第2編第22条）

の合算によるが，諸加算（社会法典第2編第24条）と一時的給付（該当する需要がある場合にしか生じない，社会法典第2編第23条第3項）は合算されない。

2．各個人の算入すべき所得と資産の算定。
3．18歳未満で未婚の子どもの場合：子どもの所得と資産（児童手当および場合によっては児童加算を含む）の差し引き。
4．総需要における各個人の割り当て分の算定。
5．需要から算入すべき所得と資産の差し引き，その際，所得／資産は需要における割り当て分に合わせてパーセンテージで算入される。
6．給付額の確定，場合によっては加算の算定後（欄外番号参照），社会法典第2編第24条。

これらの給付は必要に応じて，一時的給付（および社会保障；社会保険の保険料は管轄実施者から直接健康保険に支払われる）ならびに不可避の需要における貸付により補足される。

これらの給付に—扶助を必要とする者が就労している場合は—控除額の所得

（社会法典第2編第30条）または就労手当（社会法典第2編第29条）を加算して，要扶助世帯の世帯所得となる。

例：旧連邦諸州在住の夫婦EとF（2人とも就労可能）には子どもが2人，RとS（6歳，10歳，Sには食事のための増加需要51€がある）がいる。Eは社会法典第9編第33条による参加のための給付を受給しており，Fは妊娠5ヶ月目である。520€の適切な住居費と1ヶ月当たり84€の暖房費がかかる。求職者基礎保障の受給者として住宅手当は得られない。保険料補助金は支払われていない。Eには考慮すべき所得が500€ある。RとSはそれぞれ154€の児童手当を受けている。

|  | E | F | S | R | 合計 |
|---|---|---|---|---|---|
| 通常給付 | 311 € | 311 € | 207 € | 207 € | 1036 € |
| 増加需要 |  |  |  |  |  |
| 妊娠 |  | 53 € |  |  |  |
| 障害 | 109 € |  |  |  |  |
| 食事に伴う増加需要 |  |  | 51 € |  |  |
| 住居 | 130 € | 130 € | 130 € | 130 € | 520 € |
| 暖房 | 21 € | 21 € | 21 € | 21 € | 84 € |
| 需要 | 571 € | 515 € | 409 € | 358 € | 1853 € |
| ./. 算入すべき所得／資産[1] | 500 € | 0 € | 154 € | 154 € | 808 € |
| 給付（四捨五入された） | 71 € | 515 € | 255 € | 204 € | 1045 € |

[1] 算入はまず連邦雇用局の給付に対して行われ，それから残りの所得／資産が地方自治体の給付に算入される（連邦雇用局模範決定，www.arbeitslosengeld2.arbeitsagentur.de）。

# C．再就労のための給付

## I．助成の原則

社会法典第2編第14条に基準として定められた原則により，求職者基礎保障給付実施者は就労可能で扶助を必要とする者を，再就労という目標に向けて，

広範囲に援助する。求職者基礎保障給付実施者は，すべての就労可能で扶助を必要とする者ならびにその者と共に要扶助世帯に住む者に個人的な相談員を指名すべきである。

社会法典第 2 編第 15 条は，雇用エージェンシーと就労可能で扶助を必要する者との再就労協定を定めている。地方自治体実施者と雇用エージェンシーの間で協議体が結成されたならば，この協議体は社会法典第 2 編第 44 条 b 第 3 項に沿って，再就労協定を結ぶ。地方自治体が実施者となることを選択し（社会法典第 2 編第 6 条 a），州最高官庁の承認を得て社会法典第 2 編による任務の実施者として認可されているならば，再就労協定締結の責任は地方自治体にある。

## Ⅱ．再就労協定

雇用エージェンシーは地方自治体実施者と協力して，すべての就労可能な求職者と，その適応に必要な給付を，再就労協定において取り決めるべきである（社会法典第 2 編第 15 条第 1 項第 1 文）。再就労協定には助成と要請について，扶助を必要とする者の拘束力を持つ証言が含まれるべきである。連邦雇用エージェンシーには，扶助を必要とする者と再就労協定を結ぶ義務はない。扶助を必要とする者にも，再就労協定を結ぶ義務は，法律の文章からも法律成立根拠からも生じない。立法者はむしろ，協定の自由意思という前提に立っている。

しかし扶助を必要とする者にとっては，その協力義務により事実上締結の強制が生じる。なぜなら社会法典第 2 編第 31 条第 1 項第 1 番 a によれば，就労可能で扶助を必要とする者が法律的に何が起こるかについての教示にもかかわらず，提供された再就労協定を結ぶのを拒否する場合，失業手当Ⅱは減額されるからである。

### 1．再就労協定の法的性質と形式

社会法典第 2 編第 15 条による適応協定は法律定説上，社会法典第 10 編第

53条以下の指す公法上の協定である。適応協定はどの形式にも拘束されていない。しかし原則として，文書に記録される。

### 2．再就労協定の内容

再就労協定には労働適応給付ならびに職業復帰を目指して扶助を必要とする者が行う最低努力の方法と程度が記述される。社会法典第2編第15条第1項第2文によれば，再就労協定はとりわけ以下の点を定めるべきである。
1. 就労可能な者が労働適応のためにどの給付を受けるか。
2. 就労可能な扶助受給者が再就労のために，少なくともどのような頻度でどのような努力をしなくてはならないか，そしてどのような形式でその努力を証明しなくてはならないか。

社会法典第2編第15条第2項によれば，扶助を必要とする者と同一要扶助世帯に生活する者がどの給付を受けるのかについても再就労協定において取り決めることができる。第2項は「できる規定」として成文化されている。その結果として，要扶助世帯の構成員を再就労協定に含めるかどうかは，給付主体が裁量義務によって決定しなくてはならない，ということになる。社会法典第2編第15条第2項第2文は，再就労協定に含めるべき要扶助世帯構成員は，その点について関与すべきである，ということをはっきりさせている。しかし関与することは，その他の要扶助世帯構成員に統合協定について単に情報を与える以上のことである。

再就労協定において職業教育対策について取り決められるときは，就労可能な扶助受給者が責任を負うべき理由により，その者が最後まで対策を達成しなかった場合，どのような範囲で，どのような要件でその者に損害賠償義務があるかについても定めるべきである（社会法典第2編第15条第3項）。

第3章　各種給付　113

## 3．再就労協定の期間

　再就労協定は6ヶ月間結ぶべきである（社会法典第2編第15条第1項第3文）。その後に新たな再就労協定を結ぶべきである。再就労がおそらく明らかに6ヶ月よりも短い期間内である場合，または扶助を必要とする者がその他の理由，たとえば兵役召集などで有資格者の範囲から外れた場合，再就労協定の締結は疑わしくなる。そのため2006年12月末までは，再就労協定を移行措置として12ヶ月までの期間で結ぶことができる。

## 4．再就労協定に代わる行政行為

　再就労協定が成立しない場合，社会法典第2編第15条第1項第2文による再就労対策は行政行為により定められるべきである。社会法典第2編第15条第1項第2文への具体的な関連付けにより，行政行為は規定の対象のみをこの条項により対象とできることが明らかになった。したがって，どの給付が扶助受給者の要扶助世帯に支給されるか，それについての行政行為は不可能である。行政行為に対し異議申し立て，および——これについて対策が講じられない限り——社会裁判所での訴えが認められている。行政行為に対する異議申し立てと訴えは，延期する効力を持たない，社会法典第2編第39条第1番。社会法典第2編第39条第1番により，すなわち，求職者基礎保障給付について決定する行政行為における異議申し立ておよび取り消しの訴えには延期する効力が認められない。法律成立根拠により，これは労働適応給付も含んでおり，そこには社会法典第2編第15条による適応協定も含まれる。

## Ⅲ．再就労のための具体的な給付

　社会法典第2編第14条第3文により，実施者は経済性と倹約性の原則に留意し，個々の場合において再就労のために必要な給付はすべて調達する。これがどの給付なのかは，社会法典第2編第16条に定められている。社会法典第3編第16条第1項第1文により求職者基礎保障給付の実施者は，「第3章，第

4章の第7項の第1文,第5章の第1項と第2項ならびに第6章の第1項,第5項,第7項,および第3編の第417条,第421条g,421条i,421条k,421条mにおいて定められている給付はすべて支給することができる」。

この規定をもう一度読み直しても,社会法典第3編のさまざまな項目と章を参照した広い範囲に及ぶ結果は明らかにならない。したがって,以下には社会法典第3編による可能な給付が表形式で記載されている。これらの給付は,失業手当Ⅱの受給者にも可能になる。

| 規　則 | 対　策 |
|---|---|
| 社会法典第3編第3章 | アドヴァイスの提供(社会法典第3編第29条),職業アドヴァイス(社会法典第3編第30,31条),適性確定(社会法典第3編第32条),職業オリエンテーション(社会法典第3編第33条),労働市場アドヴァイス(社会法典第3編第34条) |
| 社会法典第3編第4章の第1項 | 被雇用者への給付:年間260€までの就職活動費用の引受と旅費(社会法典第3編第45～47条) |
| 社会法典第3編第4章の第2項 | 被雇用者への給付:適性確定テスト,トレーニング対策(社会法典第3編第48～52条) |
| 社会法典第3編第4章の第3項 | 被雇用者への給付:移動扶助(社会法典第3編第53～55条),被雇用者扶助(社会法典第3編第56条) |
| 社会法典第3編第4章の第6項 | 被雇用者への給付:職業発展教育の助成(社会法典第3編第77～87条)。ここには発展教育費の引受(社会法典第2編第79条),課程費用(社会法典第3編第80条),運賃(社会法典第3編第81条),外泊と食事の費用(社会法典第3編第82条)および子どもの世話の費用(社会法典第3編第83条) |
| 社会法典第3編第5章 | 雇用者への給付:ここに含まれるのは就労補助金(社会法典第3編第217～222条),職場新設における採用補助金(第225～228条);代行による職業発展教育助成(第229～233条),職業教育および職業発展教育助成(第235～235条c),重度障害者のための労働生活参加助成(社会法典第3編第236～239条) |
| 社会法典第3編第6章の第1項 | 実施者への給付:職業教育および就労にともなう扶助の助成(社会法典第3編第240～247条) |
| 社会法典第3編第6章の第5項 | 実施者への給付:失業者雇用対策助成(社会法典第3編第260～271条) |

第 3 章　各種給付

| 規　則 | 対　　　策 |
|---|---|
| 社会法典第 3 編第 6 章の第 7 項 | 実施者への給付：雇用を提供する社会的基盤助成（社会法典第 3 編第 279 条 a） |
| 社会法典第 3 編第 417 条 | 就労している被雇用者助成：100 人を超える被雇用者を抱える企業で満 50 歳になった被雇用者のための発展教育費用の引受 |
| 社会法典第 3 編第 421 条 g | 斡旋券：失業後最低 6 週間で斡旋券請求権。斡旋券は 2,000 € 発行される |
| 社会法典第 3 編第 421 条 i | 実施者に対し適応協定の委託 |
| 社会法典第 3 編第 421 条 k | 比較的高齢の被雇用者雇用にあたって雇用促進保険料の負担：以前に失業者で，満 55 歳以上の者と初めて雇用関係を結ぶ雇用者は，失業保険の保険料を免除される。 |
| 社会法典第 3 編第 421 条 m | 職業教育法による職業準備の社会教育的随伴：職業教育準備期間中の必要な社会教育的随伴費用の引受による雇用者の助成 |

　「労働市場における現代的サービス事業のための第 4 法」法案には元来，社会法典第 3 編第 421 条 I による私―株式会社の枠内の自営業就労助成も，社会法典第 2 編第 16 条第 1 項第 1 文に含まれていた。自営業就業助成は法律最終版では，社会法典第 2 編第 16 条第 1 項から再び消えていた。しかし就労可能な扶助を必要とする者には，社会法典第 2 編 29 条の就労手当により自営業への就労助成が提供されているが，この助成金は社会法典第 3 編第 421 条 I とは違って，24 ヶ月間しか支給されない，社会法典第 2 編第 29 条第 2 項第 1 文。失業手当 II の受給者で，さらに失業扶助 I の請求権があるが，失業扶助 I が需要を満たさない者は，最終的には以前と同じように開業補助金または一時金を受けることができる。起こりうる濫用を未然に防ぐために，社会法典第 3 編第 4 改正法により，経営計画の提示と専門知識のある第三者の立場表明が，私―株式会社の前提条件となった。これらと請求権前提条件の毎年の審査は，質の保証に役立ち，私―株式会社が「真の」創設者に門戸を開き，便乗効果を防止するよう作用する。

　就労可能で扶助を必要とする障害者に対し社会法典第 2 編第 16 条第 1 項第 2 文は，第 2 編第 97 条より第 99 条，第 100 条第 1 番より第 3 番および第 6 番，

第101条第1項および第2項，第4項，第5項，第102条，第103条第1文第3番，第2文，第109条第1項第1文および第2項を相応して適用できると明記している。

| 規　　則 | 対　　策 |
|---|---|
| 社会法典第3編第97〜99条 | 労働生活参加助成給付 |
| 社会法典第3編第100条第1番より第3番および第6番 | 以下の目的の諸給付：アドヴァイスおよび斡旋の援助；労働生活参加の見込み改善，就労助成，被雇用者扶助は除く；職業発展教育助成 |
| 社会法典第3編第101条第1，2，4，5項 | 移動扶助，職業教育および職業発展教育助成，教育の反復または延長時の助成 |
| 社会法典第3編第102条 | 障害者に対する特別給付 |
| 社会法典第3編第103条第1文第3番，第2文 | 参加費用，個人的予算の引受 |
| 社会法典第3編第109条第1項第1文および第2項 | 社会法典第9編第33，44，53，54条による参加費用 |

　列挙された給付は，求職者のための基礎保障実施者より支給できる。すなわち，実施者の裁量にかかっている給付である。このことは明確な文面（「適応給付としてできる」）により，社会法典第3編によるいわゆる義務的給付にも該当する。社会法典第2編第16条第1項第2文による，就労可能で扶助を必要とする障害者への給付に関しては，社会法典第2編は常に社会法典第3編に従う。社会法典第3編で給付が義務的給付とあれば，これは第16条第1項第2文によるこれらの給付の支給にも当てはまる。社会法典第3編で給付が裁量給付とあれば，これは社会法典第2編第16条第1項第2文によるこれらの給付の支給についても当てはまる。社会法典第2編第16条第2項は，求職者基礎保障給付実施者の給付カタログを広げている。これによって，実施者は就労

可能な扶助受給者の適応に必要なその他の給付を支給できる。補足的適応給付が必要な限り，第2項にはそれらの一般条項が含まれている。第2項第2文には，立法者が特別に考えた対策が列挙されている。この列挙は最終決定ではない。未成年者または障害児の世話あるいは家族の在宅介護（第2文第1番），および債務者相談（第2文第2番），心理社会的なケア（第2文第3番），中毒に関する相談（第2文第4番）は，郡に属さない市および郡の管轄下にある本来の給付である（第6条第1項第2番）。第29条による就労手当の認可（第2文第5番），および高齢者パートタイム法による給付（第2文第6番）は雇用エージェンシー，または選択する地方自治体，協議体（第44条b）により与えられる。その他に，たとえば社会法典第3編第10条に該当する自由な助成対策も助成することができる。

　これは「できる規則」なので，支給するかどうか，いつ，どの程度給付が支給されるのかについては，給付実施者が裁量義務によって決定する。しかしいかなる場合にも前提条件は，再就労を達成できるための給付の必要性である。だが，社会法典第2編第16条第2項第1文には，就労と直接結びついていないすべての給付が含まれている。これらの給付は特殊な社会的困難の克服のための給付であって，社会において，共同体において，継続的職業適応の前提条件として人生の門戸を開く給付である。それによってさらに，根本的には限界のない提供の可能性が開かれる。この提供の可能性には，助成説にともなう法律の一般規則しか当てはまらない。経済性と節約性の原則には留意すべきである。社会法典第2編第16条第2項第1文による給付は，必要な場合には他の実施者の給付に補足して支給できる。複数の給付がどれも必要な場合には，並行して支給することができる。しかし社会法典第2編第16条第2項による給付は，いかなる場合にもいかなる状況でも就労できないことが最初から確定している場合には考慮されない。

　法律はその他の特別な前提条件，たとえば継続的な社会的困難，特別な生活状況，特殊な障害などを要求していない。しかし困難を自力で克服できる限り，

給付は考慮されない。就労できるための前提条件を満たせない理由は問題ではない（たとえば疾病，知能，意志薄弱，社会的環境など）。しかし問題状況の原因となる理由が確定できるはずである。なぜなら，そうしなければ状況に見合った給付は支給できないからである。必要性に欠けているのである。

### 1．世話給付

社会法典第2編第16条第2項第2文第1番により，子どもの世話および家族の在宅介護についての給付が支給できる。就労可能で扶助を必要とする者が自分で行う世話や介護のために仕事が不可能になった時は，外からの世話が必要となる。しかし社会法典第2編第16条第2項第2文第1番は，職業の可能性を拡げた結果，扶助必要性に決定的な影響を与えた場合は，そのために適用することもできる。

「世話」給付は実際のサービスまたは金銭給付形式で支給できる。まず第1番により，世話給付の負担を支払えるように金銭給付が支給される。給付が必要なのは，その他の方法で要扶助世帯内またはその他の家族の中で，世話の手はずを整えられない場合に限る。世話の必要性が自明でない限り，専門機関の証明書が必要である。12歳以上の子どもならびに障害の特徴または介護を必要とする家族についても同様である。しかし社会法典第2編第16条第2項第2文には，社会法典第9編第68条による重度障害の定義または社会法典第9編第14条，第15条による介護必要性の定義を参照するようにというはっきりした指示はない。この点について，これらの規則の条件に該当する身体的精神的制約のある者の介護費用引受も考慮される。社会法典第2編第16条第2項第2文の指す家族とは，社会法典第10編第16条第5項に示された人たちである。

### 2．債務者相談

その他の裁量給付として，社会法典第2編第16条第2項第2文第2番には

債務者相談が挙げられている。この目的の費用引受の背景には，負債または債務超過，とりわけ債権者の強制執行が理由で，就労へのチャンスが少なくなるという事実がある。債務者相談給付は，財政状況の明確化と債務整理の方法の明示から構成される。そのためには，1ヶ月当たりの収入と支出についての一覧表ならびに債務明細が必要である。さらに債務状況に影響のあるすべての書類の提示が必要である（たとえば差押決定および振り込み決定，支払い催告，譲渡など）。

### 3．心理社会的なケア

社会法典第2編第16条第2項第2文第3番による心理社会的なケアには，提供された援助としての短期または中期に渡る随伴または中期から長期の随伴のケアが含まれる。心理社会的なケアの典型的な適用例は，麻薬中毒者の（メタドンによる）置き換えの随伴である。心理社会的なケアの必要性については，治療に当たる医師が決定する。心理社会的なケアは，麻薬中毒者が職業，家族，社会に再び根を下ろすのを手伝うことを目的とする。住居探しならびに経済的問題，家族の問題の解決の他に，このケアは日常生活計画の構成，さらに教育または仕事へのなるべく早期の合流を目指している。

### 4．中毒に関する相談

適応給付には社会法典第2編第16条第2項第2文第4番により，中毒に関する相談も根本的に含まれている。

### 5．第29条による就労手当

社会法典第2編第29条による就労手当は，扶助必要性を克服するために就労時に支給される（欄外番号参照）。給付実施者は，地方自治体が社会法典第2編第6条aによる自由選択権を行使しない限り，社会法典第2編第6条第1番により連邦雇用エージェンシーである。

### 6．高齢者パートタイム法による給付

社会法典第2編第16条第2項第2文第5番により根本的に高齢者パートタイム法による給付を支給することができる。

## IV．臨時労働

社会法典第2編第16条第3項第2文により，仕事を見つけられない就労可能で扶助を必要とする者には，臨時労働が設けられるべきである。この――一部は「公共福祉労働」と名づけられた――活動は，連邦社会福祉法第19条に由来する。臨時労働とは，扶助を必要とする者が自分自身と家族の面倒を，少なくとも一時的にあるいは部分的に見るような状況に置く，あらゆる種類の仕事である。

社会法典第2編第16条第3項による臨時労働については，社会法典第2編第16条第3項第1文による補償ヴァージョンと社会法典第2編第16条第3項第2文による増加費用ヴァージョンならびに失業者雇用対策を区別すべきである。臨時労働は，基礎保障実施者より失業者に斡旋される。失業者には，臨時労働の斡旋に対する請求権はない。失業手当Ⅱの受給者は，提供された失業者雇用対策または臨時労働を受け入れなければならない。そうしないと，社会法典第2編第31条第1項第1番cおよびdにより失業手当Ⅱが減額される恐れがある。扶助受給者が公益に奉仕する労働をした場合，扶助受給者が同時に一般労働市場の仕事を得ようと十分に努力しなかった，という根拠を考慮して求職者扶助の減額を受けるようなことは原則的にない（リューネブルク上級行政裁判所　2003年10月30日，行政法のための新雑誌判決レポート　2004, 113）。

### 1．失業者雇用対策

社会法典第3編により失業者雇用対策は，「追加的で公共の利益に沿って」いなくてはならない。助成額は被雇用者の教育によって変わり，1ヶ月当たり900€（教育なし）から1,300€（単科大学教育）の間である。助成期間は通常

12ヶ月しか続かない。労働市場における現代的サービス事業のための第3法と共に失業者雇用対策に対する失業保険加入義務は消滅した。つまり失業者雇用対策では，失業扶助Ⅰの請求権はもう得られない。社会法典第3編に由来するこれらの規則は，失業手当Ⅱの受給者にも該当する。しかし失業手当Ⅱの受給者が失業者雇用対策に参加しても，失業扶助Ⅰの受給者と同様の法律効果は生じない。社会法典第3編により失業者雇用対策に参加した参加者には，社会法典第57条による一時金あるいは社会法典第3編421条Ⅰによる開業補助金の請求権が生じる。これに対し，社会法典第2編第16条第1項第1文を通じて失業者雇用対策に参加した失業手当Ⅱの受給者は，社会法典第2編第29条による就労手当を通じた，自営業就労時の助成金しか得られない。

## 2．補償ヴァージョン

社会法典第2編第16条第3項第1文は，仕事を見つけられない就労可能で扶助を必要とする者には，臨時労働が設けられるという原則を定めている。この臨時労働は，社会法典第2編第16条第3項第2文による増加費用ヴァージョンとは異なり，どうしても公益的で追加的でなければならないわけではない。この臨時労働の期間は，法律には定められていない。しかし長期間にわたる臨時労働は想定されていず，労働生活への初めての（再）参加を可能にするべきである。この点において，臨時労働の枠内における仕事は，最長でも6ヶ月に制限されるべきである。

補償ヴァージョンのさす臨時労働は，通常の雇用関係である。しかし連邦公務員給与協定，または当該の連邦・諸州の概括的労働賃金協定が適用されるのかどうかは，はっきりしない。有効な連邦公務員給与表第3条記号 d) aa) によれば，連邦公務員給与協定は，社会法典第3編第260条または連邦社会扶助法第19および20条によって従事している被雇用者には該当しない。連邦社会扶助法の廃止により，連邦公務員給与表第3条記号 d) aa) は一部対象を失う。しかし社会法典第2編第16条第3項は，連邦社会扶助法第19条を引き継ぐ規

則として見なされるだろう。この点では連邦公務員給与表第3条記号d)aa）は，契約解釈を補って考慮すれば，社会法典第2編第16条による臨時労働にも適用される。結果として，連邦公務員給与表は社会法典第2編第16条第3項により従事している被雇用者には該当しない。

補償ヴァージョン枠内の臨時労働に対し，管轄官庁は社会保険料を含む賃金コスト全額を負担する。ここには失業保険料も含まれる。よってこのような臨時労働においては，12ヶ月よりも長く続くようならば，再び失業扶助Ⅰの請求権が得られる。

### 3．増加費用ヴァージョン

社会法典第2編第16条第3項第2文には，いわゆる増加費用ヴァージョン（いわゆる1€jobs，カラッシュ，失業して活発に　11/2004, 42参照）が規定されている。公共の利益に沿った追加的労働の労働機会が失業者雇用対策として助成されない場合には，就労可能な扶助を必要とする者には失業手当Ⅱに加えて，増加費用に対し見合った補償が支払われる。この臨時労働枠内の仕事は，労働法の指す雇用関係ではないので，失業扶助Ⅰの請求権の根拠にもならない。増加費用補償をともなう臨時労働参加者は，臨時労働の量が1週間当たり15時間を超えている限り失業者とは見なされない，社会法典第3編第16条第2項。

この種の臨時労働も同じく長期間には想定されていない。経過措置として長期間失業者が労働市場へ（再び）適応するのを補助する。社会法典第2編には臨時労働期間について具体的な数字は挙がっていないが，臨時労働は最長でも6ヶ月に制限されるべきである。工業化の遅れた地域にいる比較的高齢の被雇用者については，より長い期間も可能である（2004年10月の連邦雇用エージェンシーおよび地方自治体中央機関共同声明）。延長または他の実施者の下での「継続臨時労働」は，法律によれば不可能ではない。臨時労働と並行して400€ベースのわずかな仕事は基本的に認められているが，社会法典第2編第30条による就労時の控除額に留意すべきである。求職者が第1労働市場での

職場を探すための十分な自由時間を確保するために1週間当たりの労働時間は30時間を超えるべきではない。

a）公共の利益

扶助を必要とする者が従事する仕事は公共の利益に沿っていなければならない，つまり公益的でなければならない。廃止された連邦社会扶助法第19条第2項第2文によれば，労働生活への適応がもっと助成される場合または給付受給資格のある者およびその家族の特別な状況から必要な場合には，追加的であることという要請は見逃すことができた。しかしこの例外的規則は，社会法典第2編第16条第3項には再現していない。これにより，仕事の公益性は増加費用ヴァージョンにとって，どうしても必要な前提条件となった。

公益的と見なされるのは，物質的あるいは精神的，道徳的分野で直接公共の利益に役立つ，すなわちとくに学問と研究，教養と教育，芸術と文化，宗教，国際間の協調，発展途上国援助，環境，景観保護と文化遺産保護などの領域の助成，青少年および高齢者の援助，公共衛生などに役立つ臨時労働である（失業扶助受給者の追加的仕事に対する連邦雇用エージェンシーの提案，2004年8月9日）。労働は個人的，営業経済的目的のためであってはならない。公益性の重要な基準は，商品市場およびサービス業市場で個人企業と競合しないことである（クラーマー，理論と実践のコメント−連邦社会扶助法，第19条欄外番号9）。

公益性の規定は，臨時労働の種類（Art）に関連する。実施者が公益的な職についているかどうかは関係がない。連邦雇用エージェンシーの見解によれば，公益性が一般的に推測されるのは，公益的であると認められている対策実施者（とくに地方自治体，福祉協会，教会，自助グループ）のための仕事である。基礎保障実施者から斡旋された臨時労働が指示に反して公益性の欠如のため，実際には通常の仕事である場合，該当者はその土地で通常の賃金支払いを要求することができる。

b）追加的労働

　増加費用ヴァージョンの前提条件は実施された労働が追加的なことである。「追加的であること」は，労働が通常ならなされない，またはこの規模ではなされない，この時期にはなされないような場合に認められる。とりわけ通常は常勤職員が処理するような，公共体の任務は遂行してはならない（クルーゼ／ラインハルト／ヴィンクラー，連邦社会扶助法第19条欄外番号14）。また通常の労働力節約に役立つ仕事または国庫政治上の事情による職員不足のために，本来は任務遂行されなければならないのにもかかわらず実施されない，あるいは必要な規模で実施されていない労働も追加的ではない。通常の労働力が得られない場合でも「追加的であること」の根拠にはならない（クラーマー，理論と実践のコメント—連邦社会扶助法，第19条欄外番号9，その他の証明）。

　次に挙げるのは，労働の「追加的であること」が否決された判決の例である。

- 季節的にどうしても必要になる緑地の清掃作業および手入れ作業
- 地方自治体地域の庭や停留所，幼稚園，病院のいずれにせよ必要な清掃作業，または地方自治体地域の冬の除雪作業
- 規則的に発生するルーチンワーク
- 官庁で通常は普通に報酬を支払う雇用関係の枠内で行われている，軽い事務作業

　追加的労働の例：障害者の簡単な世話の提供および使い走り，同伴，高齢者のための運転業務と読み上げサービス，日常の同伴，家政補助，統合ヘルパー（以下のホームページアドレスで「臨時労働のための労働領域例一覧表」も参照のこと，…［アドレス略，二つのアドレスが挙がっている］）

c）増加費用の補償

　臨時労働に専念する者は，引き続いて扶助給付—つまり失業手当Ⅱ—を受給する上に，いわゆる増加費用補償を受ける。他の適応措置と同じような申請と

認可の手続きがここでも要る。社会福祉事業実施者あるいは地方自治体実施者が失業手当Ⅱ受給者適応の管轄機関に──規則どおりなら地方自治体と雇用エージェンシーから結成された協議体であるが，自由選択地方自治体または雇用エージェンシーである場合もありうる──対策の助成を申請する。管轄機関は，労働が公益的かつ追加的であるかどうか審査し，助成を認可し，そのような仕事が個人的適応協定から判断してふさわしい失業手当Ⅱ受給者を実施者に斡旋する。実施者への助成は，失業手当Ⅱ受給者に支払われる増加費用補償をまかなう他，たとえば扶助を必要とする者の判定や，オリエンテーリング職員，ケア職員などの実施者自身の費用もまかなうことができる。

d）労働機会の斡旋

　公益的追加的労働への動員は行政行為によって行われる。公益的労働の動員に関する決定は，十分に明確でなければならない。ここでは求職者に対する基本補償実施者が扶助を求める者に施設だけを斡旋し，具体的になすべき仕事の選択は，この施設の経営者に委ねても十分である（ゲッティンゲン行政裁判所，2003年8月19日付，2 B 282/03；他の見解　ミュンスター行政裁判所，2003年7月1日付，5 K 638/00）。連邦教育手当法は，両親の二人ともが同時に育児休暇の請求権を行使することを認めており，その際両親のそれぞれに1週間30時間までの範囲で就労を認めている。両親の片方に教育手当が支払われる限り，その支払われた者に就労の可能性を斡旋したり，その者を公益的労働給付に動員したりすることは不可能である（リューネブルク上級行政裁判所，2003年8月21日付，ドイツ行政機関紙　2004, 67）。

　動員決定に対して，異議申し立てと取り消しの訴えが可能である。公益的労働への動員についての行政行為に対する異議申し立ては，延期する効力を持たない，社会法典第2編第39条第1番。社会法典第2編第39条第1番によれば，すなわち，求職者のための基礎保障給付について決定する行政行為における異議申し立て，あるいは取り消しの訴えを延期する効力は認められない。法律成

立根拠によればここには労働適応給付も含まれ，その給付には社会法典第2編第16条第3項による臨時労働も含まれる。

就労可能な扶助受給者は，増加費用ヴァージョンでは失業手当Ⅱを続けて受給する。ここには生活費保障のための通常給付と住居と暖房の費用，その他一部の受給有資格者に対しては，失業扶助給付後の期限付きの加算が含まれる。その次に，1時間当たり1～2€の増加費用補償が実施者から扶助を必要とする者に支払われる。増加費用補償は仕事により生じた費用，とくに交通費をまかなう。しかし増加費用補償は，包括的にしか保障されない。臨時労働参加者は，実際に生じた費用，たとえば所得税法に向けられたキロメーター包括額の補償請求権を持たない。しかし補償額は基本的に，交通費や被服，外食の実際の増加費用に合わせられなくてはならない。増加費用補償額が比較的低額に制限されているので，実際にはその土地の臨時労働のみが考慮される。失業手当Ⅱ受給者の疾病期間中は，増加費用補償が続けて支払われることはない。したがって臨時労働に就いている失業手当Ⅱ受給者は，手取りで800～900€の金額が自由になる。失業手当Ⅱも増加費用補償も，差し押さえることはできない。

例：失業手当Ⅱ受給者（西）

| | |
|---|---|
| 通常給付，独身者 | 345.00 € |
| 適切な家賃＋雑費 | 274.00 € |
| 暖房包括費　ガス暖房 | 36.00 € |
| 増加費用補償（1€アルバイト） | 167.00 € |
| | ＝822.00 € |

就労可能な扶助受給者の再就労のための2005年の予算は，合計63億5千万€が用意されている。この合計額から，臨時労働の資金も出ている。臨時労働は地方レベルで提供され，その地の労働市場の状態を見ながら認可される。一人ひとりの失業手当Ⅱ受給者に対して注意深く決定され，再就労の他の可能性がないかどうか再就労協定で取り決められる。社会扶助受給者のための地方自

治体による臨時労働と失業扶助受給者のための雇用エージェンシーによる就労助成対策の従来の水準を考慮した連邦政府の見解によれば，このような臨時労働の可能性は大きい。

連邦社会扶助法第19条第1項により社会扶助実施者が設けた臨時労働に基づいて，第三者に期限付きの雇用関係で雇用された被雇用者は，経営体規則法第5条第2項第4番により，経営協議委員会の選挙から除外されない。しかしこの者は，その業務の具体的な形態により企業の労働技術的目的に貢献し，自身が企業目的の対象ではない場合に限り，雇用者の企業で選挙権を持つ（連邦労働裁判所 2000年4月5日付，経営 2001, 1424＝労働法のための新雑誌 2001, 629）。

e）雇用関係のない臨時労働

社会法典第2編第16条第3項第2文により，公共の利益に沿った追加的労働のための臨時労働は，労働法の指す雇用関係の根拠とはならないが，労働保護および連邦休暇法についての規則は，状況に応じて適用すべきである。社会法典第2編第16条第3項第2文は，臨時労働の仕事は雇用関係の根拠とならないと定めた連邦社会扶助法第19条第2項を参考としている。

社会法典第2編第16条第3項第2文による臨時労働は，むしろ特殊な公法上の雇用関係である（クルーゼ／ラインハルト／ヴィンクラー，連邦社会扶助法，第19条欄外番号14）。この雇用関係に対しては，労働報酬は支払われない。扶助を必要とする者は失業手当Ⅱを続けて受給し，それに補足して増加費用に対し適切な補償を受ける。

就労可能な扶助受給者が法律効果についての教示にもかかわらず，社会法典第2編第16条第3項第2文による要求できる仕事（臨時労働）を引き受けるのを拒絶する場合には，失業手当Ⅱは第1段階で30％減額されることもありうる（減額手続きについては欄外番号563以下参照）。

f) 損害補償

仕事の実行における損害に対し，就労可能で扶助を必要とする者は被雇用者と同じような補償責任のみを負う（社会法典第2編第16条第3項第2文最後の部分）。被雇用者は，客観的に見て悪い仕事により雇用者に損害が生じた場合に損害に対して補償責任を負う。その他の前提条件は，被雇用者の有責の違法行動が存在することである。しかし被雇用者に対する損害請求権には，ある種の特殊性がある。

aa) 雇用者と被雇用者の双方の過失

雇用者と被雇用者の双方の過失では，このように責任は緩和されたり除外されたりする。この場合，損害の原因が契約を結んだ双方の主にどちらにどの程度あるのか，慎重に比較考慮される。すべての損害補償請求について，双方にある過失問題について職務上調査されなければならない（連邦労働裁判所　1998年2月19日付，労働法のための新雑誌　1998，1051）。被雇用者が故意に損害を与えた場合は，雇用者が単に不注意に行動しない限り，雇用者側の過失は原則として考慮されない。雇用者に対する被雇用者の違法行為の場合，被雇用者は雇用者側の過失を引き合いに出すことはできない。雇用者側の過失は，たとえば労働規則違反による不十分な組織化と企画，不十分な管理対策，乏しい作業機器，被雇用者の過度の負担などが考えられる。雇用者側の過失は，この者が保険のかけられるリスクに保険をかけなかった場合にも生じる（連邦労働裁判所大裁判部　1994年9月27日付，労働法のための新雑誌　1994，1083）。以上の場合には，被雇用者は自己負担分の額だけ補償責任を負う。

bb) 企業での仕事における損害補償義務限度

被雇用者の損害保障義務は，被雇用者の企業での仕事について，連邦労働裁判所の判決によって制限されている。損害保障義務限定の理由は，雇用者が企業と組織のリスクを負い，広範囲にわたる指示権によって労働構成に影響を及

ぼすことにある。連邦労働裁判所が発展させた損害保障義務の原則は，次の通りである。

- 被雇用者が故意に引き起こした損害は，被雇用者がこれを独りで負担する。
- 被雇用者が重大な過失により引き起こした損害は，原則として被雇用者が同様に独りで負担する。しかし特別な場合，たとえば労働報酬が引き起こした損害額と明らかに不釣合いで，被雇用者の損害補償責任が最高額によって制限されていないような場合には，雇用者の連帯責任も考慮される。しかしとくに重大な過失の場合は，損害補償責任軽減の余地はない（連邦労働裁判所　1997年9月25日付，労働法のための新雑誌　1998, 310）。
- 被雇用者が中程度の過失により引き起こした損害は，原則として雇用者と被雇用者の間で割り当てられる。
- 被雇用者がささいな過失により引き起こした損害は，雇用者がこれを独りで負担する。

cc) 損害補償義務最高限度

　被雇用者の損害保障義務に対し，最高限度は法律には定められていない。連邦労働裁判所は，被雇用者の損害保障義務の金額を被雇用者の年収に制限している（連邦労働裁判所　1997年1月23日付，労働法のための新雑誌　1998, 107）。

dd) 企業外の者に対する損害補償義務

　被雇用者が仕事の枠内で企業外の者に資産損害または人的損害を与えた場合，被雇用者は一般民法の原則によって損害補償義務を負う。第三者に対する損害補償限度額はとくにない。被雇用者の損害補償義務の原則は，雇用者との関係でしか適用されないからである。しかし被雇用者はその雇用者に対し，全額または持分の免除に対する請求権または被雇用者が第三者に行った支払いの償還

に対する請求権を持つ。

ee）企業従業員に対する損害補償義務

社会法典第7編第105条第1項により，企業の仕事により同企業の被保険者の保険事故を起こした者は，基本的にその保障義務を負わない。この損害補償特権が該当しないのは，故意に労働事故を起こした場合である。故意の行動および重大な過失においては，加害者は社会法典第7編第110条第1項第1文により管轄社会保険実施者の償還請求の影響を受ける。

## 4．扶助必要性消滅時の貸付

社会法典第2編第16条第4項は，就労可能者の扶助必要性が適応対策期間中に消滅する場合について規定している。このような状況が起きた時に，対策のすでに3分の2が実施されており，就労可能者が成果を挙げて対策を終了できる見込みである場合には，対策は貸付によってその後も助成することができる。法律成立根拠は，貸付支給は確実性に基づいて行えることを示している。

社会法典第2編第16条第4項の根本理念は，財政資金を支出せずに対策を好成果で終了することである。このようなことは通常は期待できないので，貸付によって対策を最後まで成し遂げる動機付けをしようとするのである。特定の対策，たとえば斡旋券の発行などには第4項は適用できない。社会法典第2編第16条第4項によりまず，資産の増加—たとえば換価可能性の発生によっても—あるいは所得により，要扶助世帯の扶助必要性が消滅した場合について言及されている。意味するところは，第9条の指す扶助必要性の完全な消滅である。これは要扶助世帯の縮小によっても，他に第7条の指す新たな要扶助世帯が生じたかどうかとは無関係に起こりうる。第三者が必要な扶助を支給するという理由で，扶助必要性が消滅することもありうる。

対策がすでに始まってしまっていて，就労可能な者が扶助必要性の消滅時点でまだ対策に参加していない（たとえば「後継者」として）場合，同様に対策

第3章　各種給付

を社会法典第2編によって助成することはできない。そして，助成が社会法典第2編ではなく社会法典第3編によって可能な場合は，第3編の規則に従う。

その他の助成についての決定は，給付実施者の裁量にかかっている。決定は義務としてなされねばならず，行政行為として公示すべきである。貸付による助成は，対策の3分の2が実施されたことを前提条件とする。この分量は，単純に対策の期間に基づいて算定される。対策のない期間は除いて計算する（正味期間の考慮）。

## V．給付支給

労働適応のための給付を支給するために，第三者による適切な施設およびサービスがすでに存在するか，または拡張あるいはまもなく新設される限り，雇用エージェンシーは自らの施設およびサービスを新しく作るべきではない（社会法典第2編第17条第1項）。第17条第1項第2文によれば，求職者に対する基本補償の管轄実施者は，民間社会福祉事業を援助すべきである。これは，社会法典第2編第6条aにより選択された地方自治体にも該当する（ムロツィンスキー，社会扶助と社会法典のための雑誌2004, 206）。

給付が第三者より支給され，給付が満たさなければならない要求が第3編に規定されていない場合，雇用エージェンシーが給付の弁済義務を負うのは，第三者またはその団体がとくに

1．給付の内容および範囲，質
2．包括金額および個々の給付領域の金額から構成することのできる弁済
3．給付の経済性および質の吟味

についての協定がある場合に限られる。

委託された第三者が社会法典第3編による任務を果たしていない場合に初めて，協定が必要である。

社会法典第2編第17条第2項による給付協定見本

管轄給付主体と実施者「…」(以下：実施者)の間で，次のような協定を締結する。

## §1　協定対象

この協定の対象は
……………………………………………………の実施者による
以下の給付
………………………………………………………
の支給について，社会法典第2編第17条第2項による給付協定である。

## §2　給付の種類と範囲

実施者は……………………(地名)で……………………(施設の活動内容)の施設を経営する。実施者は自身の世界観に基づく方針および自身の専門的給付支給(メソッド)ならびに自身の組織構成において自立している。実施者は給付を……………………の構想基盤に立って支給する。この構想は付記として，この協定の構成部分を成す。構想には給付の種類および範囲，形態についての詳細が含まれる。構想の変更は，その変更がこの協定の構成要素に影響を及ぼす限り，給付主体の同意を必要とする。

## §3　職員の配置と質

施設の目標設定の実現，および扶助を必要とする者の必要性にふさわしい……………………(給付支給方法の説明)が保証されるように，※施設は事物および職員，専門分野を配置しなくてはならない。※代替案：給付は事物および職員，専門分野の面で支給されなくてはならない。給付は

第 3 章　各種給付

主として＿＿＿＿＿＿＿＿＿＿（専門家グループまたは職員の名前）により支給される。以下のような施設の職員配置―代替案：給付支給のための以下のような**職員配置**―が必要であり，弁済算定の土台となる＿＿＿＿＿＿＿＿＿＿（ポジションの数，名称，場合によっては報酬）。

## §4　質の保証

実施者は構造，経過，結果の質を保証できるように内部の対策を決定し，実施する責任を負う。質の保証に適した対策が選択される。たとえば以下のような対策が考えられる。

- 各人に対する作業の系統的な記録
- 施設を越えた質向上サークルへの参加
- 質向上委員の設置
- 給付支給の方法基準の発展とさらなる展開。質の保証の実施は，実施者によって記録される。

## §5　協力の原則

実施者は経済性および節約性，効率の原則にしたがって給付を支給する義務を負う。実施者は給付主体と協力し，給付主体に重要な出来事についてすべて報告する義務を負う。情報保護法の規定，とりわけ社会法典第1編第35条と社会法典第10編第67条以下は，これを遵守する。実施者は実施者によって起用された専門家グループに，守秘義務について，またその条件下では個人に関する情報公開が例外的に認められている前提条件について情報を与える。

## §6　弁済

給付の請求権行使に対し，実施者は＿＿＿＿＿＿＿＿＿＿€の時間当たりの価格／日当たりの価格／ケース包括額を請求する。この弁済をもって投

資費用および物件費，人件費が弁済される。同じ目的を持つ公共資金による助成は，これを弁済に算入する。給付主体に対する給付の清算は，給付主体が前もって費用の引受を明らかにした場合に限る。毎月の月末に実施者は，給付の請求書を個人／グループ別に作成する。給付主体は，請求書到着後10日以内に支払う義務を負う。

## §7　質の審査

　質の審査の対象は，管轄給付主体と施設実施者の間で協定により合意した給付支給の審査である。施設実施者が給付を合意した質で支給しなかった，という理由付けられた根拠が存在する限り，管轄給付主体は，その質を独立した専門家に審査させる権限を持つ。審査の前に，施設実施者は非難に対して発言することができる。専門家は施設実施者との話し合いの後，施設へ立ち入る権利を持つ。専門家は，アドヴァイス会談に参加する権利を持たない。

## §8　経済性審査

　審査の対象は，合意した給付に対する弁済構成要素のバランスの観点における経済性である。施設が適切で経済的な給付支給の要請を満たしていない，あるいはもはや満たさなくなった，という根拠がある場合，管轄給付主体は，合意した給付の経済性を独立した専門家によって審査させる権限を持つ。そのような根拠として，とりわけ第4条による質の保証の枠内での欠如の確定がありうる。手続きは質の審査の手続きに従う。

## §9　救済条項

　この協定の個々の条項が無効であったとしても，このことはその他の協定の有効性とは無関係である。この場合，関係者は無効の規定を，社会法典第2編の目標設定を考慮して，望む物に近くなるような規定をもって代

える義務を負う。この協定の変更はすべて，協定の有効性のために書式を必要とする。

§ 10　発効

この協定は＿＿＿＿＿＿＿＿＿＿付で発効する。各関係者はこの協定を＿＿＿＿＿＿＿＿＿＿の期日までに破棄通告することができる。破棄通告は書式を必要とする。

―――――――――――――　　　　　―――――――――――――
　　　給付主体の署名　　　　　　　　　施設実施者の署名

# D．請求権および償還請求権，相続人の損害補償義務の移転

　社会法典第2編による給付は，扶助必要性の存在を前提条件とする（社会法典第2編第9条）。社会扶助法（社会法典第12編第2条）に法的に保障されている後順位性の原則の実現と同じく，求職者基礎保障給付にも（後順位性の原則，社会法典第2編第5条参照），他の優先義務のある第三者に対する扶助受給者の請求権を管轄実施者が自ら移行できるようにする規則が必要である。それに加えて給付受給のための前提条件を故意または重大な過失により招いた者は，自分または家族に公共資金から返済義務なしに扶助が支払われることを期待できない。さらに扶助受給者の死後は，相続者の免除を守るだけの理由は生じない。以上の理由で，従来の社会扶助法はすでに連邦社会扶助法第90条から第92条cにおいて，他者の義務と費用償還を定めていた。社会法典第2編第33条から第35条は，かなりの部分でこれらの法律を拠所としている。

## Ⅰ．請求権の移転

　失業手当Ⅱまたは社会手当の受給者が，家族の一員またはその他の第三者（社会法典第1編第12条の指す給付主体ではない）に対し請求権を持つ場合は，求職者基礎保障給付実施者は他者に対する文書による通知によって，該当する扶助受給者の請求権を支給された給付額まで他者に移転させる事ができる（社会法典第2編第33条）。請求権は，請求を満たすのによい時宜に給付が支給されなかった場合にのみ移行できる。この際，請求権が譲渡，担保権設定または差押えができないものであることは，請求権移転の妨げにはならない（社会法典第2編第33条第1項）。

　社会法典第2編第33条第2項により求職者基礎保障給付実施者は，民法上の扶養請求権（たとえば離婚または別離扶養料，相続人に対する扶養請求権）も，支給した給付額まで移行させることができる。また義務を負う者に対する扶養権の情報請求権も移行する。この場合，ドイツ民法典第1613条（過去に対する扶養）の前提条件の下では，過去に対する扶養請求権の移転も可能である。生活費保障給付が今後もっと長期間にわたって支給されなければならない見込みである場合は，求職者基礎保障給付実施者は，従来の生活費保障給付額までは，これからの給付に対しても訴えることができる。しかし扶養を受ける権利のある者に以下の一つでも当てはまる場合には，扶養請求権の移転が生じる事があってはならない。

- 扶養義務者と同一要扶助世帯に生活している。
- 扶養義務者と親族関係にあり，かつ扶養請求権を主張しない（しかしこのことは，未成年の扶助を必要とする者の両親に対する扶養請求権ならびに扶助を必要とする者で，満25歳未満で最初の教育をまだ修了していない者の両親に対する扶養請求権については該当しない）。
- 扶養義務者と親子関係にあり妊娠している。
- 実の子どもを満6歳になるまで養育する。

社会法典第2編第33条による請求権の移転に関する規則は，社会扶助法の原則に基づいている（社会法典第12編第93条以下）。しかし社会法典第2編第33条第2項第2番は失業扶助の伝統を引き継いで（社会法典第3編第194条第3項第11番），当事者が主張しない成年者の扶養請求権も，基本的に移転しないことを定めている。

|  | 失業扶助（2004年末まで） | 失業手当Ⅱ／社会手当（2005年以降，一部経過規定をともなう） | 社会扶助（2004年末まで） |
|---|---|---|---|
| 扶養償還請求 | （夫婦）パートナーの所得と資産考慮 | （夫婦）パートナーの所得と資産考慮 | （夫婦）パートナーの所得と資産考慮 |
|  | 該当者の（成人した）子どもと両親の所得と資産は考慮しない | 該当者の（成人した）子どもと両親の所得と資産は考慮しない（例外：子どもが25歳未満で最初の教育課程にある） | 両親または子どもの所得と資産も考慮される |
|  | 主張された扶養請求権は考慮される | 主張された扶養請求権は考慮される |  |

（出典：ベッカー／コッホ，社会保障2004，88，92ページ）

他者に対する文書による通知は，扶助を必要とする者に中断なしに（2ヶ月より長い期間は中断と見なされる）生活費保障給付が支給される期間に対し，請求権を移転させる（社会法典第2編第33条第3項）。社会法典第10編第115，116条による，雇用者および損害賠償の義務を負う者に対する給付主体の請求権は，社会法典第2編第33条第1項に優先する，すなわちこれらの請求権を求職者基礎保障給付実施者は移行させることはできない。

## Ⅱ．償還請求権と相続人の損害補償義務

求職者基礎保障給付実施者のこの2つの請求権は，従来の社会扶助法に基づいている。償還請求権（社会法典第2編第34条）は，扶助を必要とする者のうち，満18歳以上で，故意または重大な過失により自己の扶助必要性または要扶助世帯に同居する者に対する扶助必要性あるいは自己または要扶助世帯に同居す

る者に対する生活費保障給付の支給を重要な理由なしに招いた者に向けられている。義務を負う者が生活費保障給付または第12編による生活扶助に将来依存するようになる限り償還請求は見合わせられる。償還義務は相続人にも該当するが，その義務は相続開始時の遺産の価値に制限されている。償還請求権は基本的に給付支給の暦年経過後3年で消滅する。

相続人の損害補償義務（社会法典第2編第35条）は，生活費保障給付受給者の相続人に該当する。相続人は，相続開始に先立つ10年間の給付が1,700€のわずかな上限額を超える場合には，その給付に対し損害補償義務を負う。償還義務は，相続開始時点での遺産の価値に限定される。償還請求権は遺産の価値が15,500€未満である限り，相続人が故人配偶者か親族であって，一時的ではなく故人の死亡まで故人と家庭的共同体で暮らし，かつ故人を介護したときは行使されない。償還請求権はまた，相続人に対する請求が，個々の場合の特性からして特別の苛酷さを意味する限り行使されない。償還請求権は基本的に，給付受給者の死後3年で失効する。

社会扶助受給者の相続人は，社会法典第12編第102条により損害補償義務を負う。今後数年は，死亡した扶助受給者が初めに社会扶助，それから社会法典第2編による給付を受給したので，あるいは逆の順序で受給したので，相続人が両方の規則により義務を負うケースが増えてくるかもしれない。このようなケースでは，異なる控除額（15,500€，社会法典第2編第35条第2項第1番または15,340€，社会法典第12編第102条第3項第2番）を顧慮して，両方の規則間の区切りが問題になってくる。これに関連して，社会法典第12編第33条により，妥当な葬祭料のための保険料を社会扶助実施者に引き受けてもらうことができるのは，社会扶助受給者の相続人にとって意義深いであろう。そのような請求権は，社会法典第2編による給付受給者にはない（これに対して批判的：コンラーディス，失業扶助法および社会扶助法についてのインフォメーション　2004, 51, 53ページ）。

# 第4章
# 所得および資産の算入

## A．所得の算入

### I．概要

　生活費保障のための給付は，扶助必要性が認められる場合に限り支給される。扶助を必要とするのは，「自己の生活費および労働への適応，自分と同一要扶助世帯に生活する者の生活費を，自己の能力および資力によっては…保証できない，または十分には保証出来ない者」である（社会法典第2編第9条第1項）。需要の特徴を述べた上述の給付は，すなわち具体的なケースにおける請求金額についてはまだ何も述べていない。これはむしろ，潜在的扶助受給者の需要期間（そのつど暦月を含む，失業保険給付金・社会手当条例第2条第2項第1文）における需要および必要性の対比より算出される。それゆえ，基本的には要扶助世帯全員の所得および資産は，社会法典第2編の金銭給付に算入される（社会法典第2編第19条第2文，場合によっては関連して社会法典第2編第28条第2項，この点で法律では雇用エージェンシーの給付と，算入が後回しになる地方自治体の給付とを区分しているが，給付受給者にとっては何の違いもない）。失業手当Ⅱの算定は具体的ケースでは，原則に従って行われる。すなわち，需要額マイナス活用すべき所得および資産となる。

　扶助必要性は要扶助世帯全体の需要と関連するので，各々の請求額の算定のためには要扶助世帯（世帯ではない）全体を顧慮すべきである（世帯における所得および資産の算入は，社会法典第2編第9条第5項のごく限られた前提条件の下

で行われる，欄外番号103以下参照)。すなわち，一人の要扶助世帯構成員の自分の需要を超えた所得，資産はすべて，要扶助世帯の他の構成員の需要に算入される。具体的には，以下の項目が算入される（社会法典第2編第9条第2項）。

- パートナーの所得と資産
- 両親あるいはそのうちの一人と同一要扶助世帯に同居しており，自分の所得および資産では自分の生活費をまかなえない，18歳未満の独身の子どもについては，さらに両親あるいは片親ならびにそのパートナーの所得および資産（例外，社会法典第2編第9条第3項）
- 逆に，18歳未満の子どもの所得は両親の需要には基本的に算入されない（このことは社会法典第2編第7条第2項，第3項，第9条第3項第4番より導かれる，18歳未満の子どもが自分の需要を自分の資力で充たすことができる場合は，要扶助世帯には入らない，すなわち子どもの資力は別に見なされる：「90の質問と回答」9ページ参照）。児童手当はやや異なり，後順位だが両親に算入される。

要扶助世帯内で需要すべてが充たされない時は，誰もがその持ち分で，つまり，全体需要に対する個人需要の割合で，扶助を必要とすると見なされる（社会法典第2編第9条第2項第3文）。

所得および資産の算入については，社会法典第2編第11条，第12条で定められている。社会法典第2編第13条の権限により，連邦経済雇用省はさらに失業手当Ⅱ・社会手当条例を発布した（「失業手当Ⅱ・社会扶助における所得の算定ならびに所得と資産の非考慮についての条例」失業手当Ⅱ・社会手当条例，2004年10月20日付，連邦官報Ⅰ．2,622ページ）。ここでは法規が具体化され，補足されている。

## Ⅱ．所得と資産の区分

所得および資産を考慮に入れるためにさまざまな規定があるので，何が所得に入り何が資産に入るのか，という問題は重要な意味を持つ。それについて社

第4章 所得および資産の算入　141

会法典第2編には何の記述もないが、社会扶助法の参照を促す立法理由（社会法典第2編第11条、第12条の立法理由、連邦議会印刷物15/1516）に基づき、基本的には今までの判例基準にさかのぼることができる。

それによれば所得・資産への分類は、基本的に資力流入に左右される（流入理論）。流入が需要期間（＝暦月）に起これば、すなわち扶助を必要とする者がこの期間に価値に関して何かを得るならば、原則的に所得である。反対に、需要期間にすでに存在しているものは、資産に分類される。それに応じて追給（たとえば労働報酬の）、損害賠償支払い、あるいは遺産ならびにくじの賞金あるいは税の還付も所得と見なされる（99年2月18日の連邦行政裁判所、5C35/97、5C14/98、5C16/98参照。また連邦社会扶助法への理論面、実践面からのコメント、第76条、欄外番号5以下参照。しかし一時的な所得流入については、失業手当Ⅱ・社会手当条例第2条第3項に特別規定がある）。

算入すべき所得の算定は、いくつかの段階を経て行われる。

- 税込み所得全額を算定の出発点とする（失業手当Ⅱ・社会手当条例第2条第1項）。
- そこから「考慮できる所得」が算出される。その際、算入から除外されている特権のある所得は考慮されないままである。
- そのように算出された標準的な税込所得から、特定の控除項目（税金、保険など）が差し引かれる。
- 所得が生業から生じている限り、さらに所得控除額が差し引かれる。

## Ⅲ．税込み所得

所得とは原則として、金銭あるいは金銭価値の収入である。どのような種類（たとえば金銭給付か現物給付か）、どこからきているか、どのような法的性質（請求権または任意給付）なのかは、ここでは重要ではない。収入が納税義務の土台となっているかどうか、収入が繰り返し生じるのか一度だけなのか、も関係ない。しかし一度だけ生じる所得に対しては、算入の特別事項がある。詳

しくいえば，とくに以下の収入は考慮すべきである（失業手当Ⅱ・社会手当条例に関する連邦経済雇用省の情報，6ページ）。

- 仕事の労働報酬，とりわけ賃金および給与（ミニアルバイトの場合も），たとえ生じるのが一度きりであろうと（たとえばクリスマス手当，賞与）その他の支給，たとえば超過勤務手当，特別手当，食事補助など，ならびに企業主の家族協働に対し基本的に当地の基準的な報酬（従来の法律との比較は連邦社会扶助法の c1134 以下参照）。雇用者は連邦エージェンシーのしかるべき書式で収入を証明する（社会法典第2編第58条）。
- 自営業の収入。その際に扶助を必要とする者の自己査定が土台となる。この自己査定は以前の業績に基づいており，前年の業績に対する税金確定通知，またはそのような書類がない場合には（たとえば新設の場合），その他の適切な資料（たとえば税理士による予想）で裏付けることができる（失業手当Ⅱ申請書，追加ページ2.1.，所得申告参照）。季節による収入変化のような，納得できる上下変動は考慮されるべきである。このように（前もって）見なす方法であるために，業績が異なっても，違いがはなはだしい場合は除き，次の認定時期にようやく考慮されることになろう。
- 賃貸による収入，すなわち収入獲得に結びついた必要な支出を超える収入の余剰分。従来の連邦社会扶助法と同様に，家具付きの住居または部屋の賃貸においては，より低い収入が証明されない限り，所得として一括して査定する。その割合は，家具付きの住居では粗収入（たとえば水道代，電気代など賃借者から再び払い戻されることのない金額込みの所得）の80％，家具付きの部屋では70％，家具なしの部屋では90％である（従来の法律との比較は連邦社会扶助法への理論面，実践面からのコメント，第76条，欄外番号126参照）。
- 資産収入，とりわけ利益配当金（株式配当金）および利子。
- 失業保険給付金，疾病休業補償金のような代償償還給付，しかし失業

手当Ⅱならびにそれに代わるような給付は除く（疾病休業補償金も，欄外番号401参照）。
- 年金，連邦援護法による基本年金ならびにこれに匹敵するような給付，および連邦補償法による年金は例外とする（欄外番号402，403参照）。
- 実際支払われた額の扶養料の支払い，12歳以下の子どもについては生活費前払い法による生活費の前払い。
- 一時的給付，または比較的間隔を空けて行われる給付，ただし一年に要扶助世帯の構成員一人当たり50€を超える場合に限る（欄外番号408参照）。算入期間については欄外番号434以下参照。
- 連邦児童手当法（BKGG）第6条aによる児童加算は，その児童加算が支給される子どもの所得としてのみ算入される（社会法典第2編第11条第1項第2文）。その理由は，両親が自分の需要は充たせるが子どもの需要を充たせない場合に，子どもの需要を充たすことを目指しているからである。したがって，算入を分ける必要がある。社会法典第2編による給付に児童加算が支給できないので，児童加算により窮境を避けることができるかどうかということだけを査定する。
- 児童手当についても同様である。18歳未満の子どもについては，自分の生活費保障のために子どもが児童手当を必要とする限り，その子どもの所得として算入される（社会法典第2編第11条第1項第3文）。子どもの需要を上回る金額のみ両親において査定される。このことは，子どもは自分の生活費を自分ではまかなえない場合に限り，要扶助世帯に属する（社会法典第2編第7条第3項第4番）ことに由来する。したがって，必要な限り分割した算入が行われる。18歳以上の子どもについては，児童手当は子ども自身に支給される（所得税法第74条）ので，その子どもに算入される。
- 住宅手当：失業手当Ⅱ・社会扶助の受給者には，住宅手当請求権はない。しかし児童手当および児童加算，住宅手当を算入して所得・資産

が需要を充たすのに十分であるなら,失業手当Ⅱ・社会手当は給付されない。したがって,まず失業手当Ⅱ・社会手当に対する請求権がそもそも生じるのか,という問題について,住宅手当も共に考慮すべきである。

各種の所得間の損失相殺は,今までのところ基本的には行われていない。今後も行われないであろう(被雇用者会議所ブレーメン『求職者に対する基本保障 AからZまで』見出し「所得」,連邦社会扶助法への理論面,実践面からのコメント,第76条,欄外番号133もそのような見解)。

## Ⅳ. 考慮されない所得

特定の収入は社会法典第2編または失業手当Ⅱ・社会手当条例により特権を与えられている。すなわち,それらが金銭または金銭価値の収入であるにもかかわらず,考慮されない。以下の項目がそれに該当する。

### 1. 社会法典第2編による給付

上記のすべての給付(各種加算,就業手当なども),ならびに失業手当Ⅱに関連して同額支給される各給付,たとえば疾病休業補償金(失業手当Ⅱ以外の社会給付が補償する疾病休業補償金は別,欄外番号392参照),出産手当,疾病給付,連邦援護法による疾病休業補償金は,特権を与えられている。

### 2. 補償の性格を持つ基本年金

連邦援護法(BVG)による基本年金,あるいは連邦援護法のしかるべき適用を意図する法律による基本年金は,特権を与えられている。とりわけ戦争犠牲者(BVG),兵役被害者(軍人恩給法第80条以下)または代替服役被害者(兵役代替奉仕法第47条)および国境警備勤務犠牲者(連邦国境警備法第59条以下),暴行犠牲者(犠牲者損失補償法),接種傷害犠牲者(感染防止法第60条第1項)の生

活保障，ならびに旧東ドイツにおいて政治的理由により，法治国家に反する個人的な不正を被らなければならなかった者の生活保障（抑留者援助法第4，5条，刑法上の更生法第21，22条）に，このことは当てはまる。しかし犠牲者に対するすべての給付が免除されているのではなく，基本年金に限られている。

生命ならびに身体あるいは健康における損害に対し，連邦補償法（BEG）により支給される年金および補助金も，特権を与えられている。これらの給付はナチスによる迫害の被害者に支給される。しかしBEGの給付も，算入から完全に除外されるわけではない。正確にいうと該当するのは，生命あるいは身体，健康への損害に対する給付だけである。これらは比較の対象になる，連邦援護法による基本年金額まで控除されている。

## 3．ドイツ民法典第253条第2項による資産以外の損害補償

ここで扱うのは，身体や健康，自由，性的自己決定の侵犯における非物質的損害に対する民法上の請求権（すなわち契約違反あるいは，たとえば事故などの許されない行為に基づく損害加害者による支払い），とりわけ慰謝料である。

## 4．特別な目的に定められた収入

社会法典第2編による給付とは異なる目的を持ち，社会法典第2編による給付が正当化されなくなるほどには，受給者の状況を好転しない（社会法典第2編第11条第3項第1番a）収入は，特権を与えられている。連邦経済雇用省はこのカテゴリーに，とりわけ次のような給付を解釈している（失業手当Ⅱ・社会手当条例への連邦経済雇用省情報）。

- 障害者作業所の雇用促進手当（社会法典第9巻第43条）
- 地方自治体代表および委員会に対する手当
- 共同体課題「農業構造および護岸の改善」の資金による，老齢農業従事者への調整手当
- 盲導犬給付

- 州盲人法による盲人手当
- 両親年金（BVG 第 49 条）
- 献血者補償
- 休養扶助（BVG 第 27 条 b）
- 防空勤務に対する補償給付
- 被服および寝具消耗給付（BVG 第 15 条）
- 扶養保証法（USG）第 7 条による給付
- 超過支出手当，冬期手当（社会法典第 3 巻第 212 条）
- 就業助成給付（移動扶助社会法典第 3 巻第 53 条以下は，必要経費を減少させることがある）
- 専門家によらない介護の場合（子ども 6 人以降は個別査定），社会法典第 8 巻第 23 条による介護手当（費用の償還）
- 重度負傷者手当（BVG 第 31 条第 5 項）
- 以前のソ連邦からの遅い引揚者に対する包括的適応扶助
- 実費の範囲内で，公務に対する公金からの納税義務のない手当
- コーチとしての副業からの納税義務のない収入（所得税法：EStG 第 3 条第 26 番）
- その他の無給の仕事（たとえば任意の消防隊）の枠内の手当
- いわゆる死後 3 ヶ月に対し通常基準を超えた金額の寡婦（夫）年金
- 労働報酬とは別に雇用者から支給された，財産形成のための給付
- 反対に，たとえば社会法典第 3 編第 421 条 I による中小企業創業補助金は認められない（同じ目的）。

　連邦経済雇用省はさらに，法律に基づいて社会法典第 2 編の給付への算入がすでにできない給付も，目的の定まったと表している。したがってこれらの給付は，受給者の経済状況をどれだけ改善するかには関係なく，考慮されない。欄外番号 409 にこれらの給付が列挙されている。

　しかしこのような目的の定まった収入は，並行する失業手当 II・社会手当の

給付が正当化されなくなるほどには，受給者の状況を好転しない場合に限り，算入を免れる。従来と同様に，収入および出捐が月々の通常給付の半分の金額（つまり西では173€，東では165€）を超えない場合に，該当する（失業手当Ⅱ・社会手当条例への連邦経済雇用省情報，7ページ）。

## 5．民間社会福祉事業の出捐

**民間社会福祉事業**（とりわけ労働者福祉事業，カリタス，ドイツ赤十字，ドイツ新教社会奉仕団，公法の教会および宗教団体，マルタ奉仕団，平等福祉連合，ユダヤ中央福祉協会，民間福祉事業を行う個人または機関，たとえば盲人と多発性硬化症患者協会）の出捐も，それが社会法典第2編の給付とは異なる目的を持ち，並行する失業手当Ⅱ・社会手当の給付が正当化されなくなるほどには，受給者の状況を好転しない場合は，算入を免れる（前の欄外番号参照）。

## 6．失業手当Ⅱ・社会手当条例に基づく例外

失業手当Ⅱ・社会手当条例に基づき，さらに次の収入が特権を与えられている。

- 要扶助世帯一人当たり年に50€を超えない場合，一時的収入および一ヶ月以上間を置いて生じる収入（たとえば一度だけ満期になりこの限度額を超えない収益，利子，失業手当Ⅱ・社会手当条例第1条第1項第1番）。
- 社会法典第2編の給付とは違う目的を持ち，並行する失業手当Ⅱ・社会手当の給付が正当化されなくなるほどには，受給者の状況を好転しない場合，その他の第三者の贈与および出捐（失業手当Ⅱ・社会手当条例第1条第1項第2番）。連邦経済雇用省はたとえば，連邦大統領の財政資金による出捐，芸術家への謝礼あるいは芸術家扶助の出捐などを，特権を与えられていると見なしている（失業手当Ⅱ・社会手当条例への連邦経済雇用省情報，3ページ）。

- 家族が介護されている場合に，基本介護と家政の世話の給付に対する介護者の納税義務のない収入（失業手当Ⅱ・社会手当条例第1条第1項第3番）。ここに該当するのはとりわけ配偶者，両親，兄弟姉妹，姻族，里親・里子だが，とくに密接な結びつきのある者も，たとえば結婚によらない人生共同体や長年の世帯の枠内で該当することもある。特権の認められているのはとりわけ（失業手当Ⅱ・社会手当条例への連邦経済雇用省情報，2ページ）
  - 在宅介護扶助へ，介護現物給付の代わりの介護手当（社会法典第11巻第37条第1項），それにより在宅介護が確保される場合
  - 民間介護保険の介護手当
  - 在宅介護における補助規則による包括補助金，しかし社会法典第5巻第37条第4項による金銭給付ではない。
- 軍人においては外国任務加算および功績加算（失業手当Ⅱ・社会手当条例第1条第1項第4番）。
- 連邦の財源により支払われる，1951年6月19日付NATO軍の地位項目9第4項による補助金（失業手当Ⅱ・社会手当条例第1条第1項第5番）。
- 以前の鉄工業および鉄鋼産業の被雇用者に対し，2007年12月31日まで，ヨーロッパ連合法による，企業に連邦雇用エージェンシーから償還される金額の補助金（失業手当Ⅱ・社会手当条例第1条第1項第6番）。

## 7．その他の法律による例外

他の法規則に基づき特権を与えられている（連邦社会扶助法への理論面，実践面からのコメント，第76条，欄外番号51以下参照）のは，主に
- 育児手当ならびに州による同等の給付，出産手当ならびに同等の給付，たとえば（公務員の）俸給，準備実習勤務中の給料，および国家公務

員法あるいは軍人法に基づく規則による補助金（連邦育児手当法第7条第1項，第8条第1項第1文）。
- 財団法人「母と子――生まれざる命の保護」設立のための法律による給付（第5条第2項）。
- 抗D免疫予防による肝炎Cウィルス感染者に対する扶助法による毎月の年金はその半額，一括支給の場合はその全額（抗D扶助法第6条第1項）。
- HIV扶助法による給付
- 加入地域における，ナチレジームの犠牲者に対する補償法による補償年金および補償給付は，半額。
- 負担調整法による特定の給付（第292条第2項第1番から第3番，第274条，第280条，第284条）
- 加入地域において，政治的迫害犠牲者に対する職業的冷遇調整法による給付（職業リハビリテーション法第9条第1項）
- 加入地域において，法治国家に反する刑事訴追措置犠牲者のリハビリテーションおよび補償に関する法による社会調整給付（刑法のリハビリテーション法）
- 法定介護保険給付および民間介護保険の同等の給付（社会法典第11巻第13条第5項）

## V. 活用され得ない資産

　所得算入は，所得の活用準備が整っている場合，すなわち実際に自由に使える場合に限り行われる（理論面，実践面からのコメント，第76条，欄外番号35以下参照）。したがって，以下の項目は算入の対象から外れる。
- 権限を認められた扶養請求権に基づいて差し押さえられている，またはいつでも指し押さえられる可能性のある所得部分。扶養義務を負う者の要扶助世帯の家族に対し，扶養権が優位であるか，すくなくとも

同位である者に対する扶養義務であることが条件となる（たとえば扶助義務を負う者の同居していない子どもの扶養）。扶養権原については，社会法典第8巻第60条に関連して第59条第1項第1文第3，4番により青少年局にて無料で入手できるものでもよい（失業手当Ⅱ・社会手当条例への連邦経済雇用省情報，9，10ページ）。

- 囚人の収入，ただしハウスゲルト，必要経費，生活扶助金あるいは一時的補助金として行刑官庁より請求される場合に限る（理論面，実践面からのコメント，連邦社会扶助法第76条，欄外番号40参照）。

例　AとBは結婚しており，以下の収入がある。Aの失業手当は月500€であり，その他に介護の必要な母親の基本介護に対して，月205€の介護手当を得ている。Bは月に税込みで1200€の収入があり，さらに名誉職活動に対し50€の手当を得ている。Bはその上，貯蓄から年に35€の利子を得ている。考慮可能な税込み所得は，Aは合計500€（失業手当，失業手当Ⅱと目的が同じ），Bは生業からの所得1200€である。介護手当および年毎の貯蓄利子は考慮されない。名誉職活動に対する手当が，Bの通常給付の半額に達していないので，このことは手当にも当てはまる。

## Ⅵ. 所得より控除すべき項目

所得算入の土台となるのは税込所得である。しかし手取りの税金原則が適用されるので，考慮可能な所得からさらに各項目を控除することになる。各項目は，一部は全額，一部は一括して控除される。控除される各項目は，以下のとおりである。

### 1. 所得に応じて支払われた税金

所得に応じて支払われた税金，とりわけ賃金税・所得税，教会税，営業税，資本収益税，連帯付加税（社会法典第2編第11条第2項第1番）の実際支払われ

た金額，反対に取引税（たとえば消費税）は含まない．

## 2．強制加入社会保険の保険料

雇用促進を含む（社会法典第2編第11条第2項第2番）社会保険強制加入保険料も，実際に支払われた金額で特権が与えられている．ここに含まれるのは，次のとおりである（連邦斡旋所注意書き，26ページ）．

- 法定の健康保険，介護保険，年金保険加入義務に基づく法定社会保険保険料，ならびに雇用促進保険料
- 保険加入義務のある自営業者が社会保険の枠内で支払う農民老齢扶助の保険料，手工業者保険および傷害保険の保険料
- 任意健康保険の介護保険保険料

## 3．法律で定められた保険

さらに公的あるいは私的保険あるいは類似の施設の保険料も，法律で定められている限り控除できる（社会法典第2編第11条第2項第3番）．ここに該当するのはとくに自動車損害賠償（完全車体保険，一部車体保険は除く），職業損害賠償および家屋火災保険である（失業手当Ⅱ申請用紙追加ページ2.1.参照）．これらの保険料は，実際支払われた金額を控除できる（失業手当Ⅱ・社会手当条例への連邦経済雇用省情報，8ページ）．

## 4．適切な保険

理由および金額が適切である限り，公的あるいは私的保険あるいは類似の施設の保険料（社会法典第2編第11条第2項第3番），たとえば保険加入義務のない人（任意・私的健康保険および介護保険の被保険者）のための病気や介護が必要な場合に備える保険料，および法定年金保険の加入義務を免除された人のための老齢準備保険料．傷害保険あるいは就業不能時のための保障も，自営業者の場合はここに該当するであろう．支出の控除可能性を顧慮し，以下の項目

は区別すべきである。

- 私的または任意の健康保険および介護保険，ならびに老齢準備，傷害保険あるいは就業不能時の保障のための保険料は，適切な金額を控除することができる（第2項第2番と平行）。保険料が法定社会保険と同等の保護を保証する場合，従来のように認められる（理論面および実践面からのコメント，連邦社会扶助法第76条，欄外番号68）。これらの保険料が社会法典第26条により助成されているときは，二重考慮を避けるため，所得から控除することはできない。
- 反対に，その他の保険料は実際の費用に関わらず，30€の包括額しか認められない。このことは18歳以上の者にも，18歳以上の者と要扶助世帯に同居していない18歳未満の者にも，それぞれ当てはまる（失業手当Ⅱ・社会手当条例第3条第1番）。ここで，通常の場合の18歳未満の者に対する保険料支出には何が有効であるのか，が問題になる。この点について，法律では制限を設けていないし，失業手当Ⅱ・社会手当条例には包括額が定められていないので，適切な支出額を控除できるであろう。

## 5．リースター年金

リースター年金の保険料も，所得税法第82条により控除される。控除額は，国から助成された所得税法第86条による最低自己負担額に制限されている（各種手当を差し引いた前暦年の収入の，2005＝2％，2006・2007＝3％，2008年以降＝4％）。

## 6．必要経費／営業支出

最後に，所得獲得に結びついた必要出費も控除される。ここでは，異なる所得の種類により区分される。

自営業でない就業者：必要経費，たとえば租税法にあるような二重の家計維

持費，職業組合および労働組合の組合費，仕事の材料や仕事着への支出（連邦斡旋所注意書き，27ページ）。より多額の支出が証明されない限り，次の包括額が控除される（失業手当Ⅱ・社会手当条例第3条第3番a）。

- 月に15.33€の包括必要経費（2005年以降有効な税率20％の被雇用者包括額の1/60）
- 距離キロあたり0.06€の包括交通費。計算方法：片道距離×勤務日数（週5日勤務では通常19日と見なされる）×kmあたり0.06€

自営業の所得の場合：より多額の支出が証明されない限り，営業収入30％の金額の営業支出（失業手当Ⅱ・社会手当条例第3条第3番b）

賃貸業の収入でとくに控除すべき項目：土地税および家屋税，公共支出，債務利息分担分（しかし漸次償却定期支払分ではない），ならびに修理および維持補修のための支出。より多額の支出が証明されない限り，経営に税込み収入の1％，同じく維持補修に10％（場合により従来と同じように，1925年10月1日より以前完成の物件は15％）の包括額が控除される（失業手当Ⅱ・社会手当条例への連邦経済雇用省情報，8ページ）。

## 7．就業者控除

## 8．基本的に要扶助世帯における控除

各種項目はその都度，まずは所得を得る者について控除される。その金額がその者の所得を超える場合は，全体で考慮されるため，要扶助世帯の他の家族から差し引かれる。しかし所得獲得のために必要な費用は，少々事情が異なり，当人についてのみ控除される。

例　（連邦経済雇用省のエクセル計算機に基づいている）：独身のAには800€の税込み所得がある。自動車賠償責任にAは月に42€費やしている。職場までは5km離れている。Aの考慮すべき清算された所得は，次のように算出

される。

| 税込み所得 | 800 € |
| --- | --- |
| 手取り所得（各種税金および社会保険保険料差し引き後） | 631.60 € |
| 法的に定められた保険の保険料 | 42 €（月あたり自動車賠償責任） |
| 包括必要経費 | 15.33 € |
| 交通費（5 km × 19 乗車日数 × km あたり 0.06 €） | 5.70 € |
| 就業者控除なしの考慮すべき所得 | 568.57 € |

## Ⅶ. 所得の査定と評価

　現物給付は，その都度有効な現物給与条例より導かれる金額が考慮される（1994年12月19日付社会保険における現物給与の価値に関する条例《連邦官報Ⅰ 3,849ページ》，条例による2003年10月23日付最終改正《連邦官報Ⅰ 2,103ページ》）。それによれば，たとえば食事は月に 197.75 € で計算されている。その反対に住居が無料で得られる場合は，それによって住居および場合により暖房に対する請求権が消失する。したがって所得には算入が行われない。現物給与条例に価格が定められていない場合は，消費地の通常平均値が基準となる（失業手当Ⅱ・社会手当条例第2条第4項）。

　失業手当Ⅱ・社会手当条例第2条第5項により，以下の場合には受給者の所得が査定される。

- 求職者に対する基本保障給付が一度あるいは短期間支給される，あるいは所得が考慮されるべき期間がごく短い場合（期間は今までは6週間まで，理論面および実践面からのコメント，第76条，欄外番号132）。
  あるいは
- 個々のケースにおいて，求職者に対する基本保障給付支給についての決定に猶予が許されない場合。

これによって速い給付支給の前提条件が作られた。所得を得る者の事前の事情聴取が，査定の前提条件となる。

## Ⅷ. 所得算入時期

経常収入は，実際に参入される，すなわち流入する月に考慮される（失業手当Ⅱ・社会手当条例第2条第3項第1文）。月末にようやく支給される場合でも同様である。

例　3月1日付の就業で，初めての月給支給は3月30日である。この収入は3月の需要に算入される。3月30日の流入までの需要を充たすために，社会法典第2編第23条第4項により貸付を行うことができる。

したがって，ひと月の最後の5日間の収入をすでに翌月に加算するという，部分的には厳しく批判された各種のプランも片付いた。ということは，2005年1月1日付の新給付導入にあたり，2004年12月に流入した金銭（とくに失業手当・社会扶助）は，1月に所得として考慮されることはなかった。しかしまだ残っていれば，資産として考慮される可能性がある。前月末にまだ失業保険給付金あるいは所得を得ていて初めて失業手当Ⅱを受給する者ならば，誰にも同じことが当てはまる。

例　11月15日就業，11月および12月の給料支払いは12月。11月には所得流入がなかったので，この月には失業手当Ⅱが続けて支払われる。12月には，2ヶ月分の支払いが考慮される。

一時的収入，または間を空けて支払われる経常的収入に対しては，失業手当Ⅱ・社会手当条例において特別規定が設けられている（失業手当Ⅱ・社会手当条例第2条第3項第2文）。それによればこれらは，流入したその日からすべて消

## 所得算入一覧表(連邦経済雇用省のエクセル計算機による)

| | 就業可能で扶助を必要とする者 | 要扶助家族のその他の構成員 |
|---|---|---|
| 税込所得,とりわけ<br>－ 自営でない生業<br>－ 自営業<br>－ 賃貸業<br>－ 資本収入<br>－ 特定の社会給付(失業手当,年金〈例外あり〉,失業手当Ⅱと関連しない疾病休業補償金), | | 児童加算;<br>さしあたりは基本的に子どもそれぞれに児童手当 |
| 算入すべきでない項目を除く | | |
| →考慮可能な税込み所得 | | |
| ./. 税金および加入義務のある社会保険の保険料<br>→手取り所得 | | |
| ./. 法律で規定された保険の保険料 | | |
| ./. 適切な範囲である限り,民間・任意健康保険および介護保険あるいは任意老齢準備金の掛け金 | | |
| ./. 適切な範囲である限り,民間保険の一括保険料 | 30 € | 30 € (18歳以上,または18歳以上の者がいない要扶助世帯では18歳未満,その他の点では適切な範囲である限り) |
| ./. リースター年金の保険料 | | |
| ./. 所得獲得に結びついた項目<br>－ 自営でない生業:包括通勤費を含む包括必要経費<br><br>－ 自営業:経営包括費<br>－ 賃貸業からの収入:経営および維持補修のための包括費<br><br>－ より多額の支出証明に対し,その都度の実費 | ひと月 15.33 €<br>道のり<br>×勤務日数<br>×kmあたり 0.06 €<br>収入の 30%<br>税込み収入の 11%(完成が 1925年1月1日より前の場合,16%)<br>場合によってはより高額 | |

第4章 所得および資産の算入　157

|  | 就業可能で扶助を必要とする者 | 要扶助家族のその他の構成員 |
|---|---|---|
| 就業者控除（社会法典第2編第30条） |  |  |
| →清算された所得 |  |  |
| ./.要扶助世帯外の優位なまたは同位の請求権保有者に対し民法による扶養義務（請求権の権原がある限り） |  |  |
| →考慮すべき所得＝算入金額 |  |  |

1）対象はまず所得を得た者，差し引きはそれを越えて他の者にも及ぶ。
2）対象は所得を得た者のみ。

費される時点まで考慮される。詳しくは次のように行われる。算入すべき収入総額（つまり控除項目および生業による控除額を差し引いた後）を，算出された1日あたりの需要額（健康保険および介護保険の任意保険継続保険料を含む）で割る。この計算から生じた日数だけ，生活費保障のための給付は停止される。

　例　Aは補足的に失業手当Ⅱを受給しており，12月1日に雇用主から1年のボーナスをもらう。このボーナスは891€で，考慮すべきである。1日あたりの需要を27€と推定すると，33日間生活費給付を受けないことになる。

　しかし所得の考慮が特別な苛酷さを意味するような場合は，実施者は正当な理由が認められる個々のケースにおいて，この規定にしたがわなくても良い。特別な苛酷さはたとえば，次のような場合に認められる。
- 社会法典第2編発効以前の期間の社会給付が，給付実施者の遅滞が原因で後から支払われる。
- 給付の意義と目的が所得としての考慮と矛盾する（たとえば破産手当）。
- 異議申し立て手続きまたは訴訟手続きに基づく他の社会給付が，需要期間にようやく後払いされる。

連邦経済雇用省は失業手当Ⅱ受給以前の期間に関連する場合に限り，遅滞賃

金の後払い，遅れて給付される生活費，後払いされる賠償金または年金をとくに挙げている。しかしこのことと，これらの収入の資産としての考慮はまったく関係がない（失業手当Ⅱ・社会手当条例への連邦経済雇用省情報3，4ページ）。

## B. 資産の活用

　社会法典第2編第12条は，考慮すべき資産の範囲を定めている。換価可能な資産対象は，すべて資産として考慮すべきである。生活費をまかなうために換価可能な資産を基本的にはまず活用すべきであり，そうして初めて社会法典第2編による給付を請求できるようになる，という原則が適用される。社会法典第2編第12条第2項により，考慮すべき資産はそこに列挙された項目の分だけ差し引かれる。特定の資産は，社会法典第2編第12条第3項により考慮されない（いわゆる保護資産）。

　社会法典第2編第12条第1項は，活用すべき資産を換価可能な資産に限定している。たとえば売却や担保貸付によって，生活費をまかなうのに利用できる資産部分である。利用とは，金銭に換えて，準備された資金を実際に自由に使えるようにすることである。

### Ⅰ．資産概念

　社会法典第2編第12条第1項の指す資産とは，金銭で量ることのできる一人ひとりの全財産（現在高）である。以下の項目が資産に属する。

- 金銭および金銭価値のあるもの，たとえば現金（法定通貨）および小切手
- その他の物件，たとえば建物付きあるいは建物のない土地のような不動産および，たとえば装飾品や絵画，家具のような動産
- 金銭に対する債権
- その他の権利，たとえば手形や株その他の会社の出資分による権利，

土地債務や用益権，地益権，隠居後の財産保有分による権利，また使用の際金銭で査定できる財産に関する限り著作権

ドイツ民法典第528条による民法上の返還請求権，または委譲返還請求権も，資産に含まれる。就労可能で扶助を必要とする者またはその配偶者・パートナーが贈与により窮境を招いた場合，ドイツ民法典の第528条の事実構成要件が充たされる。

## II．資産の換価可能性

　資産が生活費に用いられたり，その金銭価値が消費，譲渡，担保貸付，賃貸により生活費に使えるようにできる場合，その資産は換価可能である。建物付きの，または建物のない土地は，売却または担保貸付によって（たとえば通常は流通価格の70％以下で貸付を受け，同時に不動産担保権を注文する），優先的に換価される。売却または担保貸付による換価が不可能なときは，資産を賃貸により所得獲得に役立てるべきである。

　債権あるいは物権は，通常は譲渡または売却により換価される。しかし，すでに譲渡した請求権は換価できない。長期投資に固定された有価証券は，担保貸付により換価できる。

　処理制限の設けられている資産対象（たとえば破産，押収，担保に入れた時など）は，換価できない。このことが資産対象の一部にのみ該当する場合，その他の部分は資産として考慮される。直接保険の形の企業老齢年金（AVG）より生じる請求権は換価できない。企業老齢年金改善法第2条により給付開始前には，保険契約を担保に貸付を行ったり，担保に入れたり，譲渡したり，保険資本（払込金返戻額）を解約により請求したりすることは，不可能である。

　所得税法第10条第1項第2番bにより，個人終身年金（いわゆるリュルップ年金）に対する請求権は相続不可能，担保貸付不可能，売却不可能，換金不可能，さらに支払い請求権が生じ得ない。したがって，そのような請求権は換価不可能である。

小菜園は，連邦小菜園法により，庭小屋を含め同法第3条第2項に基づき，通常は換価できない。

考慮できる資産にすぐに手を付けることができない場合は，社会法典第2編第9条第4項により，貸付の形で給付が支払われることもある。

考慮の後には換価可能な資産は，たとえ実際には換価されず，まだ手許に残っているとしても，消費されたと見なされる。新たに給付申請を行う場合には，資産がまだ存在する限り，資産換価も新たに請求しても良い。

## Ⅲ．控除項目

社会法典第2編第12条第2項には，資産から控除できる控除項目の完結したカタログが含まれている。控除項目は，第12条第2項第1番による基礎控除額を除き，対象が定められている。第12条第2項第1番および第3番，第4番による控除の種類の中から，扶助を必要とする者およびそのパートナーに認められた控除額がその都度加えられ，所有する資産と対比される。二人のうちどちらがその資産の所有者であるかは関係がない。

しかし子どもに認められた控除額は，子ども自身の資産にのみ割り当てるべきである。両親の控除額のうち残った分を子どもの資産に，また子どもの控除額のうち残った分を両親の資産に移すことはできない。

### 1．基礎控除額

社会法典第2編第12条第2項第1番による，年齢1歳当たり200€，最高限度額13000€の基礎控除額は

- 18歳以上の扶助を必要とする者，および
- そのパートナーに認められる。

達した年齢の確定基準となるのは，一般にそれぞれの認可期間の第1日目である。18歳未満で扶助を必要とする子どもも同様に，その資産に最低4100€の基礎控除額がある。これは，たとえば貯金残高や，学資保険としての投資に

第 4 章 所得および資産の算入

も該当する。このようにして，基礎控除額は失業手当Ⅱの請求権にも，社会手当の請求権（第28条）にも認められる。

　基礎控除額には目的の拘束はない。ということは，この控除額はどの資産にも活用できる。このことは，他の控除額の最高限度額を超えている場合にも当てはまる。

　信用保護のための経過規定は，社会法典第2編第65条第5項に含まれている。1948年1月1日までに生まれた者には，年齢満1歳あたり520€の控除額が，33800.00€を最高限度額として認められる（2004年12月31日まで有効の失業手当条例第4条第2項第2文参照）。これらの規定は，失業手当Ⅱ受給の前に失業手当を受けていたかどうかとは関係なく，一般に当てはまる。

## 2．老齢準備金（「リースター年金」）

　社会法典第2編第12条第2項第2番により，老齢準備金として老後資産法により助成される資産は（「リースター」投資形式），資産より控除される。保護されるのは，助成される老齢準備支出（自己負担分および追加負担），ならびにそこからの収益である。したがって国家助成の最高額，ならびに特権付与の最高額は，所得税法（EStG）第10条aに基づいており，暦年ごとのその額は次のとおりである。

　2002，2003年　　525€
　2004，2005年　　1050€
　2006，2007年　　1575€
　2008年以降　　　2100€

　控除可能性は，国の助成に従属している。老齢保障契約が期限前に解約されると，控除できる資産としての保護が失われる。払い戻された保険金が，1ヶ月以内に新しいリースター投資形式に利用されない場合，このお金は流入状況により，資産または一時的所得として，換価可能になる。老齢保障契約は，老後保障契約基準法（AltZertG）第5条の前提条件を充たさねばならない。証明

書として，所得税法第92条第5番による老齢準備金提供者の，老齢準備資産状況についての年間証明書（官署規定の用紙）が用いられる。

### 3．その他の老齢準備対策

第12条第2項第1番による基礎控除額に加えて，第12条第2項第3番により
- 就業可能で扶助を必要とする者
- そのパートナー
- 就業可能で15歳以上18歳未満の子ども

に，老齢準備対策として用いられる金銭価値の請求権として，年齢満1歳あたり200€，最高限度額13000€の控除額が認められる（「リースター投資」は除く）。控除額は，老齢準備対策のどの形式にも適用される。しかし基準となるのは，契約により定年前の換価が除外されており，その取り消しが認められないことである。また，払込金返戻あるいは解約，担保貸付が可能であってはならない。このことは同意（たとえば保険契約）のたびに，一義的にわかるようなものでなければならない。老齢準備対策により生じる金銭価値のある請求権の価格のほうが高ければ，社会法典第2編第12条第2項第3番の上限を超えた分の金額は，換価できるものと見なされる。

60歳以前の換価除外は十分である（たとえば「満60歳になる前の満期支払いは除外されており，事前の払込金返戻・事前の解約も除外されている」）。特定の職業グループに対し年金開始がより早く設定されている場合（たとえばパイロット），この年齢制限が適用される。

制限年齢に達した後は，保護される資産額は月に1/180減額される（180ヶ月＝15年は，その後の平均生存期間）。制限年齢は基本的に，保険給付金が満期になる期日である。控除額を超える場合には，失業手当Ⅱ・社会手当に相応する算入が行われる。

第4章　所得および資産の算入　163

### 4．必要購入のための控除

第12条第2項第4番による750€の控除額は，要扶助世帯の扶助を必要とする者すべてに認められる。控除額はその出所に関らず与えられる。この控除額は，第12条第2項第1番による基礎控除額とは関係なく与えられる。したがって，750€までの資産は必要な購入（たとえば家庭用器具，冬の衣類）に活用すべきである。

## Ⅳ．考慮されない資産

第12条第3項第1番から第6番には，換価する必要のない資産要素の完結したカタログが含まれている。これらの資産要素は，社会法典第2編による給付確定の際に考慮に入れなくとも良い。

### 1．家具

第12条第3項第1番は，適切な家具を資産としての考慮からすべて除外している。家具の適切性は，要扶助世帯のそれまでの生活状況を基準にすべきである。目下の経済状態から要扶助世帯が，その家具と同価値の家具を入手できないだろうという理由で，その家具を不適切だと見なすことはできない。世帯に属するのは，とくに家具およびその他の住居設備，たとえば家庭用器具，テレビ，布製品類，本などである。家政および居住に必要な，あるいは少なくとも通常ある品物でなくてはならない。

### 2．自動車

社会法典第2編第12条第3項第2番により，要扶助世帯の就労可能な各々の扶助受給者に一台の適切な自動車が保護されている。社会法典第2編第12条第3項第2番は，自動車がすでにあること，すなわち扶助必要性の開始に基づいて新たに入手されてはいないことを，前提条件にしている。しかし新たな購入も，たとえば就労のために必要であるならば，認められないわけではない。

社会法典第2編第12条第3項第2番には，レンタルの乗り物については把握されていない。要扶助世帯の就労可能な者一人当たり適切な一台の自動車，または一台のオートバイは，資産として考慮されない。適切性の査定は，個々のケースの状況（要扶助世帯の大きさ，世帯あたりの車台数，獲得の時期）を考慮して行われるべきである。

　適切性の問題は，従来の職業，ならびに目指す職業，または考慮に入る生業に基づく。さらに，たとえば「シュヴァッケリスト」に基づいた現在の流通価格は，基準となる要素である。

　売り上げ金が，場合によっては残っているクレジット債務を差し引いて，多くとも5000（€）にしか達しない場合は，乗用車が適切かどうかの判定は必要ない。申請書の納得いかない記述は，とくにインターネットで得られる価値査定プログラムによりチェックされる。乗用車が適切でない限り，適切性を超えた価値は，社会法典第2編第12条第2項第1番により資産控除額に算入される。決定理由は決定通知に文書で証明される。


### 3．保険強制加入免除の場合の老齢準備金

　扶助を必要とする者またはそのパートナーが，法定年金保険の加入義務を免除されており，特定の事物や権利が老齢保障に役立つと証明される場合，これらの資産は，社会法典第2編第12条第3項第3番により考慮されない。これらの資産の免除の前提条件は，資産が老齢保障のために定められていると認識できることである。たとえば，資産形成型生命保険の保険証書の提示が，その証明となりうる。老齢保障の証明が提出されていれば，その資産は額面に関係なく考慮されない。


### 4．不動産

　社会法典第2編第12条第3項第4番は，自分で使用する宅地住宅あるいは自分で使用する区分所有住宅が，適切な枠内の大きさにとどまっている場合，

資産としての考慮を免じている。宅地住宅あるいは区分所有住宅が（経済的な方法で）換価できない場合、あるいは換価が所有者にとって特別な苛酷さを意味するような場合、社会法典第2編第12条第1項あるいは第3項第6番により、考慮から除外される。

　所有者が一人で、あるいは家族と住んでいる不動産の換価（主住所）は、大きさが適切である場合不可能である。その意味からこのことは、換価可能な継続居住権にも当てはまる。家・住居の大きさが適切であるかどうかの査定は、居住面積が130平方メートル以下の場合、必要ない。その他には、適切さは各々のケースの生活状況、とりわけその世帯に生活している人数に基づく。土地の広さに関しては、次のような区分がある。

- 市街地では500平方メートルの土地。
- 地方では800平方メートルの土地は、通常適切であると見なされる。

　自分で使用する不動産の大きさが適切でない場合、所有権を分割できる家屋または土地の構成要素の換価を行うべきである。売却または担保貸付により行うことができる。住宅内の独立した複数の区分所有住宅の建設、または土地の分割も可能である。居住面積が独立した住居に分かれていない場合は、たとえば部屋の賃貸などにより、収益源を活用することが扶助を必要とする者に期待される。

　就労可能で扶助を必要とする者が小菜園や庭小屋を所有している、または賃借りした場合、資産としての考慮は、個々のケースの全体状況の査定の下でしか行われない（債務法調整法に基づき旧東ドイツで有効な特例によれば、土地の所有者と庭小屋の所有者が異なっても良いことになるが、利用契約の解約が資産増加につながるかどうかは、それぞれのケースで調べるべきである、そう連邦斡旋所は忠告している）。

## 5．障害者または要介護者の居住を目的とした不動産の入手および維持

　第12条第3項第5番により、障害者あるいは要介護者の居住を目的にした、

適切な大きさの区分所有住宅を含む宅地住宅の入手に資産が用いられ，それが証明でき次第，あるいはこの目的が資産の活用や換価によりおびやかされる恐れがあり次第，すぐにこの資産は保護される。改修あるいは増築，地上権契約の締結あるいは継続居住権の獲得，ならびに目的に適った設備整備も，入手と同じく扱われる。維持には修理および維持補修が含まれ，目的に適う改善（たとえば環境を損なわない暖房設備，断熱）は該当するが，単なる美化のための措置は含まない。

　まもなくの意味は，ほぼ確実に利益を受ける者に明らかに役立つ入手措置または維持措置が，予想できる期間内に計画されているということである。しかし，売買契約は遅くとも1年以内に結ばれるべきであり，維持措置はこの期間内に始められるべきである。

　具体的な趣旨および計画案を，扶助を必要とする者は納得できるように説明しなくてはならない。証拠として考慮されるのは，たとえば建築設計図，資金調達計画，資金調達承諾書，建築会社の契約書，手工業者や建築業者の依頼書などである。居住目的は，障害・介護の必要性と関連がなくてはならない。住居はこの目的だけに使用目的を限る必要はない。障害者などが一人でそこに住み，介護を受けていれば十分である。

　資産が障害者あるいは要介護者のために活用される場合，その者がたとえ要扶助世帯に属していなくても，少なくとも社会法典第10巻第16条第5項の指す家族であれば，その資産も保護される。

　資産の特権付与なく計画が予測できない時機に延期されなければならないような場合，あるいは経常負担が要求できないほど引き上げられる場合，費用が著しく高騰する場合には，とりわけ第12条第3項第5番の指す「計画目的が脅かされる」と見なされる。

### 6．非経済性／特別な苛酷さ

　最後に社会法典第2編第12条第3項第6番には，一般的な受け皿となる事

実構成要素が定められている。それによれば物件および権利は，その換価が明らかに非経済的であったり，当事者に特別な苛酷さを意味するような場合，保護資産に属する。換価が明らかに非経済的であれば，その換価を行うのは無分別である。とりわけ自分の投資が換価売上金に対してもはや適切な関係にないために，とくに専門家でなくても一目で気が付くような場合には，明らかだといえる。とくに，売上金が自分の投資よりも10パーセントを超えて下回るような場合に該当する。

　将来の利益・利回りの見込みは考慮されない。しかし株，株式ファンド，あるいは類似の投資商品（とくにその日の相場があるもの）は，その投資形式から一定のリスクが付き物である。考慮に入れなければ，このリスクは実際には求職者に対する基本保障が背負うことになる。したがってこのような投資は，以前の購入価格とは関係なく，資産として考慮される。

　資産の換価が扶助を必要とする者にとって，不当な苛酷さを意味するような場合には，換価を見合わせることができる。扶助を必要とする者の特別な生活環境からも，また資産の由来からも，不当さが生じる可能性がある。たとえば，特別な家宝や形見，厳かな葬儀および墓の管理のためにとっておいた資産（葬祭貯金，信託資産，または継続管理契約）などの場合である。

　換価が当事者にとって特別な苛酷さを意味するような場合も，換価を要求することはできない。当事者の対象への特別な関係により，換価が当事者に非常に大きなショックを与える場合，特別な苛酷さが認められる。特別な苛酷さの調査では，各ケースをあらゆる観点から考慮すべきである。経済的な観点は，ここではさほど重要ではない。ここで問題にしているのは特別な状況，たとえば扶助の種類および期間，ならびに扶助を必要とする者の年齢，扶助受給者のその他の負担などによる，例外的なケースである。この定まっていない法概念は，司法的にはすべて調べることができる。

### 7．職業教育／生業

　職業教育または生業の開始，または継続に欠かせない資産対象も，特権が与えられている（失業手当Ⅱ・社会手当条例第4条第1項）。この規定の目的は，場合によっては，後に職業適応給付により再び調達する必要の出てくる資産対象の換価を，事前に防ぐことである。そのような対象として，工具，機械，輸送手段，すでに適切な自動車として保護されている場合を除いて自動車（たとえば運送業者の唯一のトラック），半製品，小さな商店を継続するのに必要な商品在庫，筆記用具，速記用口述録音機，製図用具，遠距離通信機，ハードウェアおよびソフトウェア，ならびに理髪師のはさみ，肉屋の秤などが考えられる（連邦斡旋所の回覧公報参照）。

　この意味での資産対象に入らないのが，子どものために契約した学資保険である。社会法典第2編第12条第2項に基づく資産控除額が他の資産の保護に利用されていない限り，学資保険はこの控除額の枠内での保護が可能である。

## V．流通価格

　社会法典第2編第12条第4項に基づき，資産はその流通価格で考慮すべきである。流通価格は，自由取引で資産対象の換価により得られる金額と解釈される。

　それにより資産形成型の生命保険は，その時点の解約返戻金（諸料金および費用を考慮した払い戻し金額）が適用される。

　不動産の価値確定においては，物的負担（土地債務，抵当権，用益権）が考慮される。その他の債務は顧慮されない。不動産流通価格の証明として認められるのは，3年以内の売買契約書または流通価格鑑定書に限られる。場合によっては現存の基準地価表を参考にする。建物付きの土地あるいは区分所有住宅の場合は，土地登記所で鑑定人委員会の購入価格集より情報を入手する。

　申請者が流通価格算出の証拠としては不適切な資料を提示し，基準地価表・購入価格集から提出資料とは10％以内で異なる流通価格が導かれる場合，申

請者の申告は認められる。

　資産査定の時機は，申請の時機による（社会法典第2編第12条第4項第2文）。資産対象の換価が後にならなければできないときは，換価の条件がすべてそろう時点が基準となる。この場合，第9条第4項による貸付給付を考慮することができる。

　流通価格の大きな変動は，その変動のある時点で考慮すべきである（社会法典第2編第12条第4項第3文）。流通価格の変動が支給すべき給付額に影響する場合，その変動は重要である。価値の変動が資産所有者に有利か不利かは，重要ではない。価値が毎日変わるような資産（株券，公債券）は，扶助を必要とする者が望むならば，毎日または毎週算定する必要はない。

# 第5章
# 制裁と追加収入の可能性

　要請と助成の原則に沿って，社会法典第2編第29～31条では，就業手当および就業時の諸控除による奨励，ならびに失業手当Ⅱおよび社会扶助の減額や停止による制裁を定めている。

## A．奨励システム

### Ⅰ．就業手当

　就労可能で扶助を必要とする失業者が社会保険加入義務のある仕事または自営業を開始する時に，就業手当が通常労働市場への適応に必要ならば，就業手当を扶助の必要な状況を克服するために支給することができる。この場合就業手当は，失業手当Ⅱの補助金として支給される（社会法典第2編第29条第1項）。就業手当は裁量給付であり，この種の奨励が就労を目的とした時期的に限られた措置としてふさわしいかどうか，各ケースそれぞれに照らし合わせて決定される。期間を限定した裁量規定は，一つにはこの機会を悪用する危険を減らすことを目的としている。二つ目の目的は，就労による所得を得て扶助を必要とせず，したがって就業手当を得られない人々が，就労による所得があるにもかかわらず扶助を必要とし，就労手当を受給するために合計するとより高額の家計所得を得られる者に比べて，経済的に常に不利な立場に置かれるのを避けることである。

　就業手当は社会法典第2編第30条により，就労時の諸控除を補足する形で支給され，支給期間は最長24ヶ月とする。これにより賃金の継続的な補助金

が阻止される。就業手当額の裁量に当たっては，それまでの失業期間の長さと，就労可能で扶助を必要とする者が生活する要扶助世帯の大きさが考慮される（社会法典第2編第29条第2項）。就業手当の裁量について詳しくは，法規命令により決定される（社会法典第2編第29条第3項）。

## Ⅱ．就労時の諸控除

就労あるいは就労継続への奨励にはその他に，社会法典第2編第30条に規定された就労時の諸控除がある。これらの諸控除により控除額差し引き後のひと月あたりの所得は減少し，失業手当Ⅱに算入される（社会法典第2編第11条第2項参照）。「働く者には，就労可能であるにもかかわらず働かない者よりも多額のお金が手に入るべきである」という原則（明文は社会法典第2編第30条の立法根拠，連邦議会印刷物15/1516，59ページ参照）は，この措置により実行される。さらに連邦政府の声明によれば，現行の社会扶助に対する諸控除額は引き上げられた。しかし文献（ヴィンケル，SozSich 2004年号，218ページ以下）においては，この査定に対し反論されている。この間に政治的にも改善の可能性が出てきた。

### 1．失業扶助および社会扶助における従来の算入・控除規定

失業扶助における所得算入については，社会法典第3巻第198条第2文第6番，第141条に定められていた。それによって該当者の税込み労働賃金から税金，社会保険保険料，税制上認められる必要経費の額を計算して，いわゆる控除額差し引き後の所得が算出された。この手取りの所得が月々の失業扶助の20％（しかしひと月あたり165€を最小限度額とする）を超えた場合に限り，失業保険が減額された。つまり，165€の最低控除額が考慮されるケースはなく，どの失業者も失業扶助の他に，この金額に対する請求権があった。高額の失業扶助を受給する者には，より高額の控除額が認められていた。しかしこの点で有利なのは，ひと月あたり835€を超える失業扶助を受ける失業者に限られていた。

社会扶助における所得算入は，連邦社会扶助法第76条第2項a第1番に基づいて行われた。この法律に基づいて社会扶助受給者の場合には，「それぞれ適切な金額」が所得から控除された。各々の場合にどのように適用されるかについては，法規命令により定めることになっていた（連邦社会扶助法第76条第3項）。立法者がこの指令権限を行使しなかったため，大半の福祉事務所は，就労者に対する増加需要加算について，ドイツ公私福祉連盟による推奨を用いて，なんとか間に合わせていた。これによれば，税込み労働賃金から税金，社会保険保険料，必要経費が差し引かれて，控除差し引き後の手取り所得が算出された。このようにして算出された手取り所得に，地方自治体は，就労している社会扶助受給者には（失業扶助の場合と同じように）基礎控除額を認めていた。この基礎控除額は労働賃金とは関係なく定められていた（通常は世帯主通常基準額の25％の金額，つまり74€）。

　さらに，所得に応じて上がる控除額があった（通常は基礎控除額を超える所得の15％，よって400€の所得の場合には48.90€：400€から74€差し引き＝326€，その15％）。そのうえ，許可された追加収入は，いかなる場合にも定められた最高限度額により保護されていた（通常は世帯主通常基準額の50％の金額，148€）。この最高限度額に達するには，月々（控除差し引き後）手取りで567.35€の所得が必要である。たとえ1セントたりともこの額を超えたら，社会扶助はその超過した金額分だけ減額される。

　このほか，「限られた能力にもかかわらず就労している者」および障害を持つ扶助受給者を対象とした特別規定があった（連邦社会扶助法第76条第2項a第2，3番）。この人たちには主に，通常基準額の30％の基本控除（88.80€）に加え，それを超えた金額の25％の控除が認められていた（したがって所得が400€の場合は77.80€：400€から88.80€差し引き＝311.20€，その25％）。算入に含まれない追加収入は，この人たちの場合も保護されていた（通常は通常基準額の2/3，197.33€）。この最高限度額に達するには，月々（控除差し引き後）手取りで522.92€の所得が必要である。

## 2．失業手当Ⅱにおける算入・控除規定

　従来の社会扶助や失業扶助と同じように，失業手当Ⅱでも社会法典第2編第30条により，就労における諸控除額を算出する前に所得から手取り所得が計算される。連邦社会扶助法および社会法典第3巻とは異なり，社会法典第2編第30条は算入から控除される基本額を定義していない。失業手当Ⅱでは次の主要規則が有効である。すなわち，1年に1度50€のごくわずかな限度額（2004年10月20日付失業手当Ⅱ・社会手当条例第1条第1項第1番，連邦官報Ⅰ2,622ページ）を別にして，同様に低額の副収入のうちから最大の部分が基礎保障給付に算入される。社会法典第2編第30条に定められた控除額は，税込所得にしたがって次の3段階に分かれる。

　第1段階：400€以下の税込み収入からは，そこから生じる手取り所得の15％の控除額が生じる。

　第2段階：さらに400.01〜900€の税込み収入からは，そこから生じる手取り所得の30％の控除額が生じる。

　第3段階：さらに900.01〜1,500€の税込み収入からは，そこから生じる手取り所得の15％の控除額が生じる。

　各段階でそれぞれ算定された控除額は合算され，手取り収入合計額から差し引かれる。その後に残った残額が所得として算入される。従来の連邦扶助法や社会法典第3巻の規定と比べて，この段階規定は複雑である。諸控除の算出は税込みの金額によって計算されるが，控除額は手取りの金額に適用されるからである。

---

　例：失業手当Ⅱの受給者が月あたり税込みで1,000€の所得を得ている。控除差し引き後の手取り所得は720.40€である。

　1．税込み賃金1,000€を基準とした控除額算出
　　　－400€まで　　　　400€の15％　　＝　　　　　　60€

| | − 900 €まで | 900 €の 30% ＝ | 150 € |
|---|---|---|---|
| | − 1.000 €まで | 1.000 €の 15% ＝ | 15 € |
| | | | 225 € |
| 2． | 手取り賃金に対する控除額の活用 | | 720.40 € |
| | 720.40 €の 22.5%（225 €：1.000 €）： | | 162.09 € |

## 3．失業手当Ⅱにおける控除規定と失業扶助・社会扶助における控除規定の比較

失業手当Ⅱにおける控除額は，税込所得の金額により異なってくる。税込所得が 1,500 €になると，最高限度額の 197.23 €になる。

**一覧表：失業手当Ⅱ受給者の就業におけるひと月あたりの控除額**

| 税込所得€ | 手取り所得[1]€ | 差し引き後の手取り所得[2]€ | そのうち算入の必要ない部分（控除率）% | 就業時の控除額€ |
|---|---|---|---|---|
| 1,500 | 1,043.47 | 986.14 | 20.00 | 197.23 |
| 1,400 | 998.66 | 941.33 | 20.36 | 191.65 |
| 1,300 | 951.77 | 894.44 | 20.77 | 185.78 |
| 1,200 | 895.92 | 838.59 | 21.25 | 178.20 |
| 1,100 | 838.18 | 780.85 | 21.82 | 170.38 |
| 1,040 | 802.50 | 745.17 | 22.10 | 164.68 |
| 1,000 | 777.73 | 720.40 | 22.50 | 162.09 |
| 900 | 712.98 | 655.65 | 23.33 | 152.96 |
| 800 | 634.00 | 576.67 | 22.50 | 129.75 |
| 700 | 562.93 | 505.60 | 21.43 | 108.35 |
| 600 | 492.68 | 435.35 | 20.00 | 87.07 |
| 500 | 422.41 | 365.08 | 18.00 | 65.71 |
| 400 | 400.00 | 342.67 | 15.00 | 51.40 |
| 300 | 300.00 | 242.67 | 15.00 | 36.40 |
| 200 | 200.00 | 142.67 | 15.00 | 21.40 |
| 100 | 100.00 | 42.67 | 15.00 | 6.40 |

[1] 仮定条件：課税査定基準階級Ⅰ（訳者注：対象となるのは主に独身者），2004 年課税表，教会税納税義務あり，13.8%の健康保険保険料
[2] 適切な公的保険・民間保険用に 30 €の包括額が基本となっている。必要経費の包括費は 15.33 €，ならびに住居と職場は 10 キロメートル離れており，月 20 日勤務。

（出典：ヴィンケル，SozSich 2004, 218, 222 ページ）

第5章　制裁と追加収入の可能性　175

　従来の社会扶助受給者の大半が400€アルバイトに従事しているため、基礎控除額の欠如は、該当者に対し不利な影響を及ぼします。社会法典第2編によれば、将来失業手当Ⅱの受給者となるこれらの人々に対しては、51.40€の控除額しか認められていない。しかし800€以下の範囲においても、失業手当Ⅱにおけ

一覧表：社会扶助（生活扶助）および失業扶助、失業手当Ⅱにおける就業時の控除額

| ひと月の税込所得 | ひと月の手取り所得[1] | 差し引き後の手取り所得[2] | 就業時の控除額　€ | | | |
|---|---|---|---|---|---|---|
| € | € | € | 失業扶助[3] | 社会扶助[4] | 社会扶助Ⅱ[5] | 失業手当Ⅱ |
| 1,500 | 1,043.47 | 986.14 | 165 | 148.00 | 197.33 | 197.23 |
| 1,400 | 998.66 | 941.33 | 165 | 148.00 | 197.33 | 191.65 |
| 1,300 | 951.77 | 894.44 | 165 | 148.00 | 197.33 | 185.78 |
| 1,200 | 895.92 | 838.59 | 165 | 148.00 | 197.33 | 178.20 |
| 1,100 | 838.18 | 780.85 | 165 | 148.00 | 197.33 | 170.38 |
| 1,040 | 802.50 | 745.17 | 165 | 148.00 | 197.33 | 164.68 |
| 1,000 | 777.73 | 720.40 | 165 | 148.00 | 197.33 | 162.09 |
| 900 | 712.98 | 655.65 | 165 | 148.00 | 197.33 | 152.96 |
| 880 | 697.40 | 640.07 | 165 | 148.00 | 197.33 | 148.37 |
| 800 | 634.00 | 576.67 | 165 | 148.00 | 197.33 | 129.75 |
| 700 | 562.93 | 505.60 | 165 | 138.74 | 193.00 | 108.34 |
| 600 | 492.68 | 435.35 | 165 | 128.20 | 175.44 | 87.07 |
| 500 | 422.41 | 365.08 | 165 | 117.66 | 157.87 | 65.71 |
| 400 | 400.00 | 342.67 | 165 | 114.30 | 152.27 | 51.40 |
| 300 | 300.00 | 242.67 | 165 | 99.30 | 127.27 | 36.40 |
| 200 | 200.00 | 142.67 | 165 | 84.30 | 102.27 | 21.40 |
| 165 | 165.00 | 107.67 | 165 | 79.50 | 93.52 | 16.15 |
| 100 | 100.00 | 42.67 | 100 | 57.33 | 57.33 | 6.40 |

[1] 仮定条件：課税査定基準階級Ⅰ、教会税納税義務あり、13.8%の健康保険保険料
[2] 適切な公的保険・民間保険用に30€の包括額が基本となっている。必要経費の包括費は15.33€、ならびに住居と職場は10キロメートル離れており、月20日勤務。
[3] ここでは最低控除額のみを考慮した。ひと月に825€を超える失業扶助を受給している者には、もっと高額の控除額が認められる。
[4] 仮定条件：296€の通常基準額、基礎控除額：通常基準額の25パーセント、増加控除額：15パーセント。
[5] 仮定条件：296€の通常基準額、基礎控除額：通常基準額の30パーセント、増加控除額：25パーセント。

（出典：ヴィンケル、SozSich 2004, 218, 222ページ）

る算入規定は，従来の法律よりも不利である。ひと月あたりの税込所得が880€になって，ようやく社会法典第2編第30条は以前の連邦社会扶助法よりもわずかに有利な結果になる。しかし実際には，このような結果には決してならないだろう。過去を見ると社会扶助受給者が就労したのは，報酬の比較的低いパートタイムの仕事が圧倒的に多かったからである。ここでまず問題になるのは，独りで子育てをする女性のパートタイムの仕事である（ヴィンケル SozSich 2004，218ページ以降）。この場合，社会法典第2編による控除額規定は，以前の連邦社会扶助法に比べ悪化している。

社会扶助は，社会扶助Ⅰ（就業者，連邦社会扶助法第76条第2a項第1番）と社会扶助Ⅱ（限られた能力にもかかわらず就労している者，および障害を持つ就労者，連邦社会扶助法第76条第2a項第2，3番）が区別されていた。給付受給者全員に57.33€の所得控除が認められていた。

失業手当Ⅱへの考慮すべき所得の算入においては，一定の包括額を控除する（失業手当Ⅱ・社会手当条例第3条）。失業手当Ⅱ・社会手当条例第3条第2番による包括額の算出においては，社会法典第2編第30条の段階的控除額規則を基準とする（欄外番号503算出例参照）。

# B．制裁

助成の原則と並んで要請の原則も同様に重要である。求職者には，扶助を必要とする自らの状況を打開するための具体的な行動を取る義務がある。求職者は，失業状態を打ち切るために優先し率先して努力しなくてはならないし，この目標をサポートするあらゆる対策に積極的に参加しなければならない。求職者がこれらの義務を重要な理由なしに果たさなかった場合，結果として給付の減額，さらには停止という形での制裁を受ける。社会法典第2編に定められている制裁は，社会法典第1巻第66条に基づく，協力が欠けている場合の結果についての規則の特別規定となる（社会法典第1巻第37条参照）。社会法典第1

巻第66条によれば，さらに広範囲の給付の拒否も可能である。社会法典第1巻のさらに進められる規則は，労働による自助という社会扶助法の義務に対しては，今まで適用される機会はなかった（連邦行政裁判所判決集98, 203）。

## I．失業手当IIの減額と停止

　社会法典第2編第31条の事実構成要件は，失業扶助と社会扶助を対象に成立した制裁規則（社会法典第3巻第144, 147条および連邦社会扶助法第25条）と関連しており，比較的若年の求職者が自助を拒む場合には，給付をゼロにいたるまで減額していくことすら認められている。社会法典第2編第9条第1項第1番を文字通り解釈するならば，扶助の必要な状況が存在しなくなるという理由から要求しうる職業に就くのを求職者が拒んだだけでも，このような結果になりうる。しかし社会法典第2編第31条第1〜4項は，自助が拒否された場合にまずは給付を減額するにとどめ，拒否が繰り返される場合にさらなる給付

一覧表：失業手当IIと社会扶助，失業扶助の制裁比較

| | 失業扶助（2004年末まで） | 失業手当II／社会手当（2005年以降，経過規定をともなう部分あり） | 社会扶助（2004年末まで） |
|---|---|---|---|
| 制裁 | 要求しうる労働または適応対策を拒否した場合，給付の一時停止，度重なる場合には給付請求権の喪失 | 要求しうる労働または適応対策を拒否した場合など：第一段階として失業手当IIの通常給付の30％を3ヶ月にわたって減額；この期間，加算も中止される。　　その後の給付減額は，その都度第一段階のパーセンテージで減額（増加需要や住居と暖房のための給付も対象となりうる）；通常給付の30％を超える減額の場合には，現物給付や金銭価値のある給付（食料品商品券）を補助支給。　　15歳以上25歳未満の者については，要求しうる仕事または適応対策を拒否した場合，3ヶ月間の通常給付停止（同じく現物給付や金銭価値のある給付の補助支給）。 | 要求しうる労働または臨時労働を拒否した場合；法律上の請求権喪失，第一段階として扶助を基準となる通常基準額の25％減額，減額が度重なればまったく支給されなくなることもありうる。 |

の減額が考慮されることを明記している。制裁の程度は，義務不履行の種類により異なる。

### 1. 第一段階の減額

　社会法典第2編第31条第1項は，義務に反する行動の事実構成要件とその法律効果を定めている。就労可能で扶助を必要とする者が，法律効果についての教示にもかかわらず

- 提供された再就労協定を結ぶ
- 再就労協定で規定された義務を履行する，なかでも，十分に広い範囲にわたる自己努力を実証する
- 要求可能な労働または教育，臨時労働（失業者雇用対策）を開始または続行する
- 公共の利益に沿った要求可能な労働を行う

のいずれかでも拒否する場合，失業手当Ⅱは，第一段階では30％減額される（社会法典第2編第31条第1項第1文第1番）。減額対象となるのは，生活費保障のための通常給付である（社会法典第2編第19条第1番，第20条）。この他，失業手当Ⅱ受給に関連して規定されている期限付きの加算が打ち切られる（社会法典第2編第19条第2番，第24条）。

　就労可能で扶助を必要とする者が法律効果について教示を受けたにもかかわらず，労働適応のための期待可能な対策を中断する場合，中断の原因を与えた場合にも，義務を怠った行動と見なされる（社会法典第2編第31条第1項第1文第2番）。該当するのは，たとえば対策の進行に悪影響を与えた責任が該当者にある場合，または該当者が対策の成果を危うくした場合，あるいはその実施者が該当者の対策への参加継続を期待できない場合（たとえば断りのない度重なる欠席，授業や運営の秩序をあからさまに無視する場合）である。

　扶助を必要とする者が法律効果についての書面による教示にもかかわらず，雇用エージェンシーまたは地方自治体実施者と連絡を取るように，あるいは医

師または精神科医の定められた診察日時に来るように，という雇用エージェンシーまたは地方自治体実施者の要請に応じず，自分の行動について重要な理由を証明しない場合，社会法典第2編第31条第2項は制裁として，同じく失業手当Ⅱの減額と，失業手当Ⅱ受給に関連して規定されている期限付きの加算の打ち切りを定めている（社会法典第2編第19条第2番，第24条）。しかし連絡義務の不履行は，社会法典第2編第31条第1項による義務不履行ほど重大ではないので，この場合第一段階では失業手当Ⅱが，就労可能で扶助を必要とする者に対し，基準となる生活費保障のための通常給付の10％減額されるに過ぎない（社会法典第2編第19条第1番，第20条）。

社会法典第2編第31条第1，2項の事実構成要件は，連邦社会扶助法第25条第1項よりもはるかに具体的である。連邦社会扶助法においては，要求しうる労働をしたり，要求しうる臨時労働（連邦社会扶助法第19，20条）に従事したりすることの拒否について，全般的に定められていた。連絡義務および国立医療施設の勤務医の受診義務については，連邦社会扶助法第25条第1項に基づき公布された判決（連邦行政裁判所，1962年5月23日付判決—ⅤC74/61—『公共行政』1963年，148号）が，社会法典第2編第31条第2項に規定されている。

連邦社会扶助法第25条第1項第2，3文は，前もって教示した後の労働拒否の場合について，第一段階では基準となる通常基準額の最低25％を扶助から強制的に減額する事を定めている。ここで基準となるのは扶助受給者個人の基準値のみであり，要扶助世帯全体の通常基準額は問題とされなかった。社会扶助実施者には，個々のケースの特殊な点を考慮して裁量によりもっと多額の減額を行ったり，他の扶助形式をとったりする（たとえば商品券または現物給付の支給）可能性があった。これらの選択肢は社会法典第2編第31条第1項および第2項により，消滅した。

社会法典第2編第31条第1項および第2項に基づく義務の累積的不履行においては，第一段階で失業手当Ⅱの減額が，扶助を必要とする者にとって基準となる通常基準額の40％（つまり30％プラス10％）になる場合もありうる。

## 2．度重なる義務不履行における第二段階の減額

　度重なる義務の不履行においては，失業手当Ⅱは，社会法典第2編第31条第3項により，就労可能で扶助を必要とする者にとって基準となる生活費保障のための通常給付のうち（社会法典第2編第31条第1項に基づく義務に反する行動または適応対策の中断，ならびに社会法典第2編第31条第4項に基づくその他の義務不履行においては）さらに30％，または（社会法典第2編第31条第2項に基づく連絡義務の不履行においては）さらに10％減額される。第一段階の失業手当Ⅱ減額とは異なり，2度目の減額においては，生計の増加需要給付（社会法典第2編第21条），および住居と暖房のための給付（社会法典第2編第22条），その他の需要のための給付（社会法典第2編第23条）も対象になりうる。

　失業手当Ⅱの減額が30％を超える場合には，適切な範囲で現物給付の補足あるいは貨幣価値のある給付（とりわけ食料品商品券の形で）を支給することも可能である。しかしこれらの給付の量については，失業手当Ⅱの給付額に関連し，基準となる通常給付の30％を超えることはない。扶助を必要とする者が18歳未満の子どもと同一要扶助世帯に一緒に生活している場合には，補足的に現物給付が支給されるべきである。このようにして，両親または片親の失業手当Ⅱが義務不履行により減額されたからといって，18歳未満の子どもにまで過度に負担がかからないようになっている。度重なる義務不履行が給付請求権に及ぼす影響については，扶助を必要とする者に義務不履行の起こる前にあらかじめわかりやすい形式で教示するべきである。

　社会法典第2編第31条第3項による，度重なる義務不履行時の諸制裁は，以前の連邦社会扶助法と比べて二つの点において異なる。一方では，労働を拒否して制裁の第2段階に至った場合，さらなる減額または扶助の全額撤廃も可能であった。しかし他方では，社会扶助実施者の個人に沿った裁量判断がこの前提条件となっていた。さらに連邦社会扶助法第25条第3項により，扶助の停止または制限により家族に負担がかかるのは，できる限り避けるべきであった。この規定によって，扶助受給者に対する給付制限に限度が定められていた。

なぜなら経験上，これらの措置は当事者の負担だけでなく，その家族の負担にもなることが多かったからである（連邦行政裁判所判決集29，99）。このような場合，家族のための扶助という原則により，当事者以外の家族にも負担をかけるような給付制限を扶助受給者に行うのは禁じられた。社会法典第2編第31条にはこれに相当する制限規則が見られない。したがって，扶助受給者の給付減額による家族への悪影響を緩和できるのは現物給付の支給しかない。

## 3．その他の制裁

社会法典第2編第31条第4項の定めるところによれば，社会法典第2編第31条第1項および第3項による制裁は，就労可能で扶助を必要とする者が以下のいずれかのような場合にも行われる。

- 満18歳に達した後に失業手当Ⅱの請求権ないしは引き上げをもたらすために，故意に所得や資産を減らした
- 法律効果についての教示にもかかわらず，浪費的な態度をとり続ける
- 請求権が停止期間のため失効中または消滅したので，失業手当Ⅱを受給できない
- 失業手当Ⅱ請求権の停止または消滅理由となる，停止期間開始要件を満たしている

社会法典第2編第31条第4項の事実構成要件は，連邦社会扶助法第25条第2項と関連している。しかし連邦社会扶助法によれば，扶助が制限されても生計に不可欠な部分は残されるべきであり，したがって特殊なケースでは（たとえば現在いる家族を考慮した結果）減額が不可能であった。社会法典第2編第31条第4項は社会法典第2編第31条第1項および第3項と関連して，扶助受給者の給付減額を例外なく定めている。目的を達成するのに，扶助受給者やその家族にとって負担の少ない他の措置（たとえば支給を毎月ではなく毎週にする）がないかどうかを確かめる，連邦社会扶助法第25条第2項による追加調査も，

社会法典第2編第31条第1項および第3項と関連した社会法典第2編第31条第4項によれば必要ではない。しかし社会法典第2編第31条第3項第4文も連邦社会扶助法第25条と同じく，度重なる義務不履行の場合には，金銭給付ではなく現物給付，または現金の代わりに商品券の支給を定めている。なぜなら制裁の目的は扶助受給者の処罰ではなく，義務に反する行動をやめるきっかけを与えることだからである（W.シェルホルン／H.シェルホルン，連邦社会扶助法，第25条欄外数字31）。

### 4．15歳以上25歳未満の就労可能で扶助を必要とする者に対する特別規定

社会法典第2編第31条第5項には，15歳以上25歳未満の就労可能で扶助を必要とする青少年を対象とする特別規定が含まれている。この人たちは，社会法典第2編第31条第1項および第4項による義務不履行において，求職者に対する基本保障による金銭給付はもう受給できなくなる。また補足的な生活扶助に対する請求権も持たない。このような場合には，住居と暖房の費用だけが引き受けられて，定期的に貸主に直接支払われる。しかしこの場合には，求職者に対する基本保障の実施者から補足的な現物給付または金銭価値のある給付が（たとえば食料品商品券）支給されるべきである（社会法典第2編第31条第5項第2文，第3項第3文）。15歳以上25歳未満の若く就労可能で扶助を必要とする者に対する特別規則により，若者においては長期間にわたる失業は初めから阻止されるものとされる。この要請は結局，社会法典第2編第3条第2項の給付の原則として明記されている。この項によれば，まだ25歳にならない就労可能で扶助を必要とする者には，ただちに仕事または教育，臨時労働を斡旋すべきである。一方において若い人たちを仕事へと国が義務付け，それに対し他方では厳しい制裁が敷かれている。

15歳以上25歳未満の若く就労可能で扶助を必要とする者に対する特別規則より除外されるのは，社会法典第2編31条第2項による義務の不履行，すなわち第一に各種連絡不履行である。これらの義務不履行にあたっては，若く就

労可能な扶助を必要とする者の場合も，失業手当Ⅱの減額と，失業手当Ⅱ受給に関連して規定されている期限付きの加算停止が考慮されるに過ぎない。

## 5．「重要な理由」が存在する場合に給付減額を行わないことについて

　就労可能で扶助を必要とする者が自分の行動について，重要な理由を証明する場合，制裁は行われない（社会法典第2編第31条第1項第2文，第2項）。社会法典第10巻第20条による検査の原則とは異なり，社会法典第2編では，扶助受給者がこの重要な理由を証明しなくてはならないと定められている。この立証責任転換は，実情にあっているように思われる。なぜなら第一に，扶助受給者の個人的領域に属する理由が問題だからである。これと比較できる規則が社会法典第3巻第144条第1項（この点についてシュペルブリンク／アイヒャーの注におけるフェルツケの見解，第12条欄外番号337以降参照）の停止期間に対して見られるが，失業者の説明・立証責任は，「失業者の領域または責任領域にある」理由に限るという明確な制限がついている。

　連邦社会保障裁判所は「重要な理由」というあいまいな法概念を，停止期間を規定するという目的に関連して具体的に述べている（連邦社会保障裁判所　社会法3―4100第119条第16番）。それによれば，個々のケースの状況をすべて考慮し，被雇用者の利害を保障される世帯の利害と比較検討し，被雇用者に他の行動が要求できる場合に限り，停止期間が認められる。この基準は社会法典第2編第31条の指す概念「重要な理由」の解釈にも適用できるだろう。これと矛盾せずに連邦雇用エージェンシーの表明においても，扶助を必要とする者の利害が公共の利害を上回る場合には，重要な理由が認められる。社会法典第2編第10条の指す就業要求可能性に関して該当者に義務付けられている相当な要求を顧慮すれば，重要な理由が雇用エージェンシーから認められるのは，例外的なケースに限られるであろう。

　ある仕事の放棄または拒否に対し，連邦雇用エージェンシーの「求職者に対する基本保障について重要なアドバイス」によれば，重要な理由は以下の場合

に存在する。
- 就業により、3歳未満の子どもの養育が脅かされる恐れがある
- 家族の介護が就労と両立できず、かつ他の方法では介護が保障できない
- ある特定の労働が該当者にとって、身体的、知的、精神的に不可能である

以下の場合には重要な理由とは見なされない。
- 新しい勤務地までの距離が増え、前よりも時間がかかる
- 今までより不利な労働条件の仕事が斡旋される
- その職業が該当者の従来の資格にふさわしくない

### 6．減額期間

　制裁は3ヶ月間続く。この期間中は、社会法典第12編による給付に対する請求権も生じない。給付の減額は、特定の義務不履行がこの間に終了したかどうかとは無関係であると見なされる。なぜなら、労働する意思が明言されたり行動で示されたりした場合に給付の減額を予定よりも早く打ち切るとは、法律に定められていないからである。これに対し、連邦社会扶助法による制裁は、扶助受給者がとがめられる行動をやめない期間に限られる。したがって、行動を改めて制裁を終わらせるかどうかは扶助受給者自身が決められた（その成果として連邦行政裁判所判決集98、203、さらに欠けた協力が後に補われた場合を定める社会法典第1巻第67条もその傾向にあるが、ここでは社会扶助法では基本的に除外された給付拒否の遡及撤回が定められている）。3ヶ月以内に義務不履行が新たに行われる場合、3ヶ月の期間がまた始まる。この期間は最初の3ヶ月に続くか、部分的に重なり合うこともある。

## Ⅱ．社会手当の減額と停止

　社会法典第2編第28条による社会手当は，就労が可能で扶助を必要とする者と共に同一要扶助世帯に生活している就業不可能な者が受給する。この人々に就労可能な扶助受給者の義務不履行の責任を負わせることはできない。社会法典第2編第28条により受給資格のある者自身が，社会法典第2編第31条第1～3項の指す義務不履行を咎められる場合に限って，彼らの給付が減額される可能性がある（社会法典第2編第32条）。それは以下のようなケースのいずれかに該当する場合である。

- 管轄実施者と連絡を取るように，また場合によっては医師または精神科医の診察を受けるように，という実施者の要請に応じない（社会法典第2編第31条第2項）。
- 満18歳に達した後に社会手当の請求権ないし引き上げをもたらすために，故意に所得や資産を減らした者（社会法典第2編第31条第4項第1番）。
- 法律効果についての教示にもかかわらず，浪費的な態度（たとえば電話料金や電気代がいつも不当に高額）をとり続ける者（社会法典第2編第31条第4項第2番）。

　社会手当受給者に対する医師または精神科医の診察予約日時を守れという要請は，たとえば，就労可能なパートナーへの斡旋障害が彼の人格にあるような場合（たとえばアルコール中毒のため，同一世帯に属する子どもが就労可能なパートナーの世話しか受けられない）に考慮される。この予約日時が社会手当受給者の重要な理由なしに守られなかった場合，社会法典第2編第32条，第31条第2項による制裁が有効である。

　社会法典第2編第31条第3項第4文の定めるところによれば，要扶助世帯に18歳未満の子どもが生活している場合，給付減額に際して現物給付が支給されるべきである。その意図は，両親の一方が受ける給付の減額にあたって，

減額時に子どもがダメージを受けるのは，いやおうなく避けられないものであるが，できるかぎり子どもに影響を与えないよう留意すべきだということである。しかし子ども自身の請求権については，社会法典第2編第32条に限り有効である。

# 第6章
# 社会保障

　求職者基礎保障には，失業手当Ⅱ受給者の疾病，要介護状況および老齢のリスクに対する社会保障，ならびに基本的には，社会手当受給者の疾病および要介護状況のリスクに対する社会保障が含まれている。さらに，特別な要請により扶助実施者またはその他の場所を，たとえば医師による診察のために訪ねる場合には，すべての受給者は傷害保険に加入する（社会法典第7編第2条第14番）。健康保険者および連邦雇用エージェンシーの首脳陣は，2004年10月8日付の告示により，失業手当Ⅱおよび社会手当受給者の社会保障に対する姿勢を表明した。以下の記述は，その基本的な性格からいくつかの点を取り上げ概観する。

## A．失業手当Ⅱ受給者の社会保障

### Ⅰ．法定健康保険

　失業手当Ⅱの受給者には（社会手当とは違って），基本的に法定健康保険加入義務法律で規定されている義務保険がある（社会法典第5編第5条第1項第2番a）。これは社会法典第2編第65条第4項第1文の経過規定により失業手当Ⅱを受給している者にも該当する。一つの要扶助世帯において失業手当Ⅱ受給者が複数いる場合には，原則的に申請者に加入義務があり，その他の者は家族として保険に加入する（社会法典第2編第38条第2文に対応し，連邦雇用エージェンシー説明書，38ページ）。

　加入義務の例外は，次のようなケースで発生する。

- 失業手当Ⅱの受給者が，社会法典第5編第10条によって，すでに家族保険に加入しているか，または後に家族保険に加入となる（このことは，自分が給付受給者ではない者からも導き出される）。
- 給付が貸付に限り支給される。「限り」という語と例外規定の目的から，給付を（社会法典第2編第7条第5項第2文，第9条第4項，第22条第5項により）貸付のみ受給していて扶助を必要とする者に限り，除外することが可能であり，反対に給付の一部のみを貸付として受給していて扶助を必要とする者は，該当しないと考えられる。
- 社会法典第2編第23条第3項第1文による一時的給付，あるいは社会法典第2編第29条により就業手当に限り受給する扶助受給者。
- 社会法典第2編第31条による給付の減額，現物給付としての支給，または第三者への支給は，逆にこの保険加入義務に影響を与えない。

失業手当Ⅱの受給により保険加入義務を負うようになったが，給付受給前の数年間に（たとえば高収入のために）法定保険に加入していなかった扶助を必要とする者は，健康保険企業の保険に加入していて，その保険の種類と範囲が相応する保険給付を含んでいる場合には，申請により保険加入義務を免除することができる（社会法典第5編第8条第1項第1番a）。この場合には，社会法典第2編第26条により保険料補助金を支給することができる。免除申請は保険加入義務開始後3ヶ月以内に管轄健康保険に対し提出されねばならず，取り消しはできない（社会法典第5編第8条第2項）。先行する失業保険給付金や失業手当の受給中に生じた免除は，社会法典第5編第8条第1項第1番aにより失効する，すなわち失業手当Ⅱ受給者には保険加入義務があり，このために法定健康保険に戻ることも可能である。

## 1．保険保護の開始

法定健康保険の加入は，失業手当Ⅱを実際に受給する日に始まり（社会法典

第5編第186条第2項a)，法的支払義務とは無関係である。給付が前にさかのぼって支給されたら，保険もさかのぼって有効になる。申請書提出の遅れまたは申請書処理の遅れにより処置が必要な場合でも，健康保険組合と共に暫定的な保険保護について規定を定めるのが望ましい（連邦雇用エージェンシー説明書，37ページ）。失業手当Ⅱ受給前に法定健康保険に加入していなかった場合には，給付受給者は，保険組合に対する表明により保険組合を一つ選び（この場合18ヶ月間契約を結ぶ），給付主体に保険証をすぐに提示するべきである。その他の場合には，一つの健康保険組合に割り当てられる。そして健康保険組合は，受給者が最後に保険加入していた所，その他の場合には健康保険組合を一つ選ぶことができる（連邦雇用エージェンシー説明書，36ページ）。

## 2．保険保護の終了

保険は失業手当Ⅱを受給する最後の日が過ぎれば，同時に終了する（社会法典第5編第190条第12項）。その後は社会法典第5編第9条の前提条件下で，任意の保険がさらに考慮されることになる。失業手当Ⅱの受給へと導いた決定が，後から取り消される場合には，決定取り消しまでの期間に対する保険加入義務は，それでも原則的に生じたままである。すなわち，さかのぼっても保険加入義務はなんら影響を受けない。このことは，給付の返還を求められ，返還されている場合にも該当する（社会法典第5編第5条第1項第2番a第1文後半）。

## 3．給付範囲と保険料

法定健康保険加入者として失業手当Ⅱ受給者は，原則として健康保険の給付すべてに対して請求することができる。ここには，失業手当Ⅱの金額に応じた疾病休業補償金も含まれる（社会法典第2編第5条第1項第1文と関連して社会法典第5編第44条，第47条b，さらに家族保険加入している失業手当Ⅱ受給者においては社会法典第5編第44条第1項第2文）。しかし疾病時の給付は，行政簡素化のため，以後も失業手当Ⅱの実施者より支払われる（第7週目より疾病休業補償

金として，専門的詳細については社会法典第2編第25条参照)。重要なのは労働不可能な状態を遅れずに申し出ること，ならびに労働不可能な状態およびその予測期間について，医師の証明書を提出することである（社会法典第2編第56条，欄外番号615参照)。

追加支払のための負担額上限規定（税込み収入の2％，慢性病に対しては1％）に対しては，次の通り有効である。失業手当Ⅱ受給者およびその者と要扶助世帯に同居している者に対しては，基準となる税込み収入として，社会法典第2編第20条による通常給付のみが考慮される（社会法典第5編第62条第2項第6文)。その他の給付，とくに住居と暖房のための給付ならびに増加需要給付は，算定の対象にはならない。

保険加入義務のある就労可能な扶助を必要とする者（注意：社会法典第5編第240条に任意保険加入者のための例外規則）には誰でも，連邦雇用エージェンシーまたは地方自治体実施者より保険料包括額が保険組合に支払われる（社会法典第5編第232条a第1項第1文第2番，第246条，第251条第4項，第252条第2文)。この保険料は連邦が負担する（社会法典第5編第251条第4項)。保険料包括額は査定されて最初125€になる。この金額は受給量が増えるに従って変化する。

## Ⅱ. 法定介護保険

法定健康保険において保険加入義務がある失業手当Ⅱ受給者は，法定介護保険においても保険加入義務がある（社会法典第11編第20条第1項第2番a)。法定健康保険において家族保険に加入していたり（この場合原則的に介護保険においても家族保険に加入していることになる，社会法典第11編第25条第1項)，給付が貸付の形でのみ支給されていたり，社会法典第2編第23条第3項第1文による給付のみを受けている場合には，別の規定が該当する。この点についてはその時その時に応じて，欄外番号536の論述を参照していただきたい。加入開始と終了に関しても同様である（社会法典第11編第49条第1項)。保険料の算定，

負担および支払については，法定健康保険についての規定が有効である（社会法典第11編第57条，第59条，第60条，それぞれ社会法典第5編を参照）。保険料包括額は査定された結果，1ヶ月あたり14.90€になる。

## III．法定年金保険

失業手当II受給者は原則的に，法定年金保険において保険加入義務がある（社会法典第6編第3条第1文第3番）。給付受給者が次のような場合は，例外に該当する。

- 失業手当IIを貸付の形だけで受給している（欄外番号536参照）。
- 社会法典第2編第23条第3項第1文による給付のみを受けている。
- 連邦教育促進法第2条第1項aに基づき育英奨学金に対する請求権がない，もしくは育英奨学金の需要が連邦教育促進法第12条第1項第1番または社会法典第3編第66条第1項第1文によって見積もられる（社会法典第2編第7条第6項）。
- ここでも健康保険や介護保険と同じように，給付減額または現物給付としての調達，または第三者への支給は何の影響も及ぼさない。

失業手当IIを受給する前に法定年金保険に加入しておらず，他の特定の形式で保障が生じる場合，3ヶ月以内に申請すれば，保険加入義務を免除することができる（詳細については社会法典第6編第6条第1項b参照）。失業手当II受給以前に生じていた年金保険加入義務免除は，原則的に以後失効する。

保険料算定にあたっては，保険料支払義務の生じる包括額400€が適用され，失業手当IIを部分的に受給する場合には，日割りで計算される（社会法典第6編第166条第1項第2番a，補足的失業手当IIの場合に対する特別規則は第2番b）。よって現在の保険料は，78€になる。

## B. 社会手当受給者の保障

　法定健康保険，介護保険，年金保険における保障は，失業手当Ⅱ受給者に限られている。しかし社会手当受給者は家族保険加入者として，法定健康保険および介護保険に加入することができる（社会法典第5編第10条，社会法典第11編第25条；ただし，所得制限額—2005年現在345€（西），290€（東）または僅少労働においては400€—を考慮する必要がある；社会手当はここでは算入されない，所得税法第3条第2番bに関連して社会法典第4編第16条）。法定年金保険に関しては，満16歳になった時から任意保険が可能となる（社会法典第6編第7条）。

## C. 保険加入義務免除の場合の保険料補助金

　失業手当Ⅱ受給者が

- 法定健康保険の加入義務を（社会法典第5編第8条第1項第1番aにより）免除されている場合
- 法定介護保険の加入義務を（とくに社会法典第11編第22条により）免除されている，または社会法典第11編第23条により民間介護保険に加入している場合
- 法定年金保険の加入義務を免除されている場合（社会法典第6編第6条第1項bまたは第231条第1項および第2項）

給付受給期間に対し，個人的な保障（保険施設および援護施設における年金または生命保険による年金も含む），または法定年金保険任意保障に支払った保険料に対し，補助金を受ける（社会法典第2編第26条第1項および第2項のそれぞれ第1文）。補助金の金額は，保険加入義務免除がない場合にそれぞれの保険分野で連邦が負担する金額に限られている（社会法典第2編第26条第1項と第2項のそれぞれ第2文，欄外番号542，543，546参照）。ここで考慮すべきなのは，法定健康保険および介護保険が家族保険として作用する場合は，保険料が発生しないので，社会法典第2編第26条の枠内でも原則として償還できない点で

ある―このことは免除申請前に考慮すべきである。

　証明書類としては通常，保険証書および免除決定通知（失業手当Ⅱ―申請用紙の付録ページ，社会保険）で十分である。

# 第7章
# 管　轄

## A．概論

　実施者の問題，つまり，どの官庁が失業手当Ⅱを管轄すべきかという問題は，ハルツⅣ立法手続きにおいて最も激しく議論された問題であった。今後該当者にとって，どれだけのお金がどのような条件下でもらえるのか，という問題に比べれば，一見あまり重要でない問題かもしれないが，よく考えてみれば，誰が失業手当Ⅱの実施者なのかについての決定は，扶助を求める者個人にとっても重要であることは明白である。

　失業手当Ⅱは，連邦政府の意見によれば，より集中的なケアならびに集約された助成と要請によって，何よりも就労可能な扶助受給者のために労働市場へ復帰する道をならすのが目的である。管轄官庁と現場で携わる者が法律の目的を十全に果たすことが，改革の成就にとって根本的に重要である。

　連邦雇用エージェンシーには，今後第一に管轄権を持つ官庁として，アドバイスや紹介，専門教育および発展教育の分野での経験が豊富であり，これらの分野は今後の失業手当Ⅱにとってとくに重要になる，という大きな長所がある。他方，連邦雇用エージェンシーは，90,000人強の職員を抱えるマンモス官庁であり，したがって必然的に柔軟性に乏しく，さらに従来は非常に中央集権的に運営されてきた，という欠点がある。地方自治体には，たとえば債務者や中毒者向けのアドバイス，子どもの養育，ならびに心理社会的サービス業務といった付帯業務において，長年の経験があるという長所がある。さらに地方自治体は，長期失業者に対して，過去において通常より高い斡旋の成果を達成してい

る。しかし地方自治体の活動範囲は，必然的に狭い地域の枠内に限られていたので，地域を越えた職業斡旋や新規職場開拓においては経験がなかったり，乏しかったりする。調停委員会において見出された解決法により，69の郡および郡に属さない市が自由に選択できるようになり，連邦雇用エージェンシーと地方自治体実施者の異なる着手方法を比較するチャンスが生まれ，立法者には，6年の試行期間満了後，連邦雇用エージェンシーと地方自治体実施者が今後失業手当Ⅱを管轄すべきかどうか，管轄すべき場合には範囲をどのようにするか，決定する機会が与えられる。

ハルツⅣにおける管轄分担は2005年1月1日以降，次のようになる（労働市場における現代的サービス事業第4法の重要事項について，連邦経済雇用省のパンフレット）。

新しい給付は，通常（試行条項の方法による地方自治体の選択は除く）二つの給付主体，すなわち連邦雇用エージェンシー（BA）および地方自治体実施者（州法により異なる規定がない限り，郡および郡に属さない市）から支給される。

連邦雇用エージェンシーは，労働市場政策上の再就労給付すべて（アドバイス，斡旋，失業者雇用対策の助成，職業教育および職業発展教育の助成），生活費保障のための給付（就労可能な扶助受給者に対する失業手当Ⅱ，要扶助世帯の世帯構成員に対する社会手当），増加需要，失業保険給付金受給終了後の期限付き加算，就業手当，社会保険を管轄する。

地方自治体実施者は，住居と暖房のための給付，子どもの養育設備，債務者および中毒者に対するアドバイス，心理社会的なケア，および通常給付ではカバーされない増加需要（たとえば住居の初めての設備調度費）を管轄する。

扶助を求める者に一つの機関から扶助を提供できるように，法律は地域の雇用エージェンシーとそれぞれの地方自治体が協議体において協働することを想定している（ジョブセンター）。

このような通常の場合とは違って，各地方自治体は，サービス提供の方法を自由に選択することができる。地方自治体自由選択法に対する調停委員会の譲

歩により，合計69のドイツ国内地方自治体が自由に選択できる，すなわち上述の任務全体を引き受ける申請書を，連邦管轄官庁に提出することができる（2004年9月24日付条令，連邦官報Ⅰ第50番2,349ページ）。この場合，自由選択している地方自治体の地域の雇用エージェンシーは，失業手当Ⅱ受給者を今後管轄しない。69という数字は，連邦参議院における連邦州の得票数の割合に由来する。連邦参議院での得票数に応じて，連邦各州は自由選択肢の特定数を得る。試行段階期間は6年を上限とする。

給付が連邦雇用エージェンシーより支給される限り，就労可能な扶助を必要とする者の基本保障の費用は，連邦がこれを負担する（第46条）。地方自治体から調達される住居と暖房のための給付は，原則として地方自治体が負担する。しかし地方自治体が，調停手続きにおいて合意した25億€削減を達成できるように，連邦もこれに関与する（第46条第5項）。

## B．実施者の立場と任務に対する責任

実践において，社会法典第2編による諸給付実施者の立場に関する規則（社会法典第2編第6条以降，第44条b）は，正しい官庁が決定を下しているか，またどの官庁に対して法的救済手段を講じるべきか，という問題に関るので重要である。第39条により異議および取り消しの訴えは即座に実施可能であり，すなわち従来の法的状況とは異なり，延期する効力がなくなった。

新しい給付は，原則として二つの給付主体，すなわち連邦雇用エージェンシーおよび地方自治体実施者（州法により他の実施者が規定されていない限り，郡および郡に属さない市）から支給される。この二つの実施者は，協議体として，一致した給付決定を下すことができ，該当者が訪れる窓口が一つになるように，協働できるだけではなく，協働すべきである。この場合，協議体が行政行為および異議申し立てに対する決定を行う。しかしこの二つの実施者は，お互いに独立してそれぞれの任務を行うこともできる。その他ドイツの69の郡および

郡に属さない市では、地方自治体だけが実施者となる。ここでは社会法典第2編第6条aの自由選択規則に基づき、地方自治体が社会法典第2編によるすべての給付の単独実施者である。

法律（第6条）の通常の事例に話を戻そう。したがって社会法典第2編による諸給付の実施者は、
1. 特例が定められない場合（連邦雇用エージェンシー）。
2. 第16条第2項第2文第1～4番、第22条および第23条第3項により郡に属さない市および郡、州法が他の実施者を規定しない場合（地方自治体実施者）。

## Ⅰ．連邦雇用エージェンシー

連邦雇用エージェンシーはとくに、労働市場政策上の再就労給付すべて（アドバイス、斡旋、失業者雇用対策の助成、職業教育および職業発展教育の助成）、ならびに生活費保障のための給付（失業手当Ⅱ、社会手当、増加需要、失業保険給付金受給終了後の期限付き加算、社会保険）を管轄する。

## Ⅱ．地方自治体

地方自治体実施者は、住居と暖房のための給付、子どもの養育設備、債務者および中毒者に対するアドバイス、心理社会的なケア、および通常給付ではカバーされない一時需要（被服と住居の初めての設備調度費ならびに数日にわたる学校旅行）を管轄する。

## Ⅲ．選択地方自治体

自由選択の場合には、地方自治体が諸給付全体の実施者である。選択地方自治体の選抜および決定は行われ、6年の試行期間において地方自治体レベルが単独で管轄するのはドイツのどの地域なのか、以下のとおり定まっている。

バーデン＝ヴュルッテンベルク州：ビーベラッハ郡、ボーデンゼークライス

郡，オルテナウクライス郡，トゥットリンゲン郡，ヴァルズフート郡

　バイエルン州：エアランゲン市，ミースバッハ郡，シュヴァインフルト市，ヴュルツブルク郡

　ブランデンブルク州：シュプレー＝ナイセ郡，ウッカーマルク郡，オーバーハーフェル郡，オストプリグニッツ＝ルッピン郡，オーデル＝シュプレー郡

　ヘッセン州：マイン＝キンツィッヒ＝クライス郡，ヴィースバーデン市，マイン＝タウヌス＝クライス郡，フルダ郡，オーデンヴァルトクライス郡，マールブルク＝ビーデンコップフ郡，ホッホタウヌスクライス郡，フォーゲルスベルククライス郡，ヘルスフェルト＝ローテンブルク郡，オッフェンバッハ郡，ダルムシュタット＝ディーブルク郡，ベルクシュトラーセ郡，ラインガウ＝タウヌス＝クライス郡

　メクレンブルク＝フォアポンメルン州：オストフォアポンメルン郡

　ニーダーザクセン州：オズナブリュック郡，パイネ郡，エムスラント郡，オステローデ・アム・ハルツ郡，オースターホルツ郡，グラーフシャフト・ベントハイム郡，レーア郡，フェルデン郡，オルデンブルク郡，ゲッティンゲン郡，ローテンブルク郡，ゾルタウ＝ファリングボステル郡，アンマーラント郡

　ノルトライン＝ヴェストファーレン州：ハム市，ミュールハイム・アン・デア・ルール市，シュタインフルト郡，コースフェルト郡，デューレン郡，エンネペ＝ルール＝クライス郡，ミンデン＝リュッベッケ郡，ホッホザウアーラントクライス郡，クレーヴェ郡，ボルケン郡

　ラインラント＝プファルツ州：ダウン郡，ジュートヴェストプファルツ郡

　ザールラント州：ザンクト・ヴェンデル郡

　ザクセン州：バウツェン郡，カメンツ郡，デーベルン郡，マイセン郡，ムルデンタールクライス郡，レーバウ＝ツィッタウ郡

　ザクセン＝アンハルト州：シェーネベック郡，ヴェルニゲローデ郡，アンハルト＝ツェルプスト郡，メルゼブルク＝クヴェアフルト郡，ベルンブルク郡

　シュレスヴィヒ＝ホルシュタイン州：ノルトフリースラント郡，シュレスヴ

ィヒ＝フレンスブルク郡

　　チューリンゲン州：イェーナ市，アイヒスフェルト郡

　新しい社会法典第2編第6条aから第6条cの諸規則は，地方自治体選択のための試行条項の実施について充てられている。社会法典第2編による給付を受給する求職者の社会復帰に際し，雇用エージェンシーと地方自治体の間のフェアな競争によって，さまざまな形の実施者が一定期間試される。そのような競争のおかげで，適応へのさまざまなアプローチ，とりわけ地方自治体機構において発展したコンセプトを，有効性という観点から比較できるようになった。

## IV. 協議体

　社会法典第2編第44条bは，当地の雇用エージェンシーと地方自治体実施者との間に，地域協議体を設立することを想定している。目的は，扶助を必要とする者のために一括した窓口を設けることである。協議体の共同設立は，雇用エージェンシーのジョブセンターで（社会法典第3編第9条第1項a）行われる。これにともない地方自治体実施者は，求職者基礎保障の枠内で義務を負う任務を，この協議体に移行すべきである。雇用エージェンシーは，この任務移行を義務付けられている。協議体は，私法上または公法上の契約により設立が可能である（社会法典第2編第44条第1項）。以上の事柄は，とりわけ当地の種々の地方自治体憲法の実情とは関係なく，当地の関係者により決定されねばならない。法律はその構成について最大限の自由を認めている。一つの地方自治体地区に複数の雇用エージェンシーがある場合には，管轄責任を負うものとして一ヶ所を指定する（社会法典第2編第44条第1項第2文）。

　協議体には，任務を遂行するために行政行為や異議申し立てに対する決定を公布する権利がある（社会法典第2編第44条第3項第3文）。協議体の監督は，管轄州最高官庁が連邦経済雇用省の了解を得て行う（社会法典第2編第44条b第3項）。雇用エージェンシーと地方自治体実施者は，知っている事実のうち

他方の実施者の給付に重要である可能性のあるものは、すべて伝達し合う（社会法典第2編第44条第4項）。

法律は、協議体を全国で通常の事例と想定しているが、同時に法律上の形態についてはほとんど何も述べていないので、次に連邦経済雇用省の社会法典第2編第44条bによる協議体のための説明書（2004年8月24日付）を付則として載せておく。

### 1. 目的と任務

社会法典第2編第44条bは、雇用エージェンシーと郡に属さない市および郡が求職者基礎保障の実施者として、任務遂行のために協議体を設立することを想定している。この規則は、調停委員会で見出された譲歩の一部であり、求職者基礎保障の実施権を、連邦雇用エージェンシーと地方自治体実施者である郡に属さない市および郡とに分けている。

それによれば地方自治体実施者は、次の項目に対し責任を持つ。

- 住居と暖房のための給付
- 家庭用器具を含めた住居の初めての調度設備および妊娠・出産時を含めた衣類の初めての調達
- 学校法の規則範囲内での数日にわたる学校旅行のための給付
- 未成年者または障害児の世話あるいは家族の在宅介護
- 債務者相談
- 精神的社会的な世話
- 中毒に関する相談

連邦雇用エージェンシーは、その他の給付、とりわけ再就労給付および生活費保障のための給付に対して、責任を負う。

広域にわたる協議体設立の目的は、実施者が分かれていても、求職者基礎保障給付を一つの窓口で実現することである。この目的にむかって協議体は、求

職者基礎保障の給付主体として，雇用エージェンシーの任務を遂行する。地方自治体は協議体に，社会法典第2編による地方自治体の任務遂行を委託する。結果的に任務委託により，協議体が権利と義務の独立した担い手として，行政行為および異議申し立てに対する決定を行うようにすべきである。

## 2．組織編成の法律上の可能性

　社会法典第2編第44条bは，協議体の構成を意識的に現地関係者に委ねている。関係者は協議体を，私法上または公法上の形式で設立することができる。法形式の選択は本質的に，計画された各々の構成と，関係実施者が目指すそれぞれの目的にかかっている。さらに市町村に存する各法規も関ってくる。選択された法形式は，とりわけ地方自治体委員会（議会）で多数の賛成を獲得でき，監督官庁から認可されなければならない。

　協議体の設立は，規則にしたがって，次の三段階を経て行われる。

- 実施者は通常公法により，協議体を設立したいということで合意する（設立合意）。
- 協議体は，私法（たとえば民法組合または有限会社）または公法の法形式で設立される。協議体は権利と義務の担い手となれるよう，つまり，とりわけ一致した行政行為を公布することができるように構成されなくてはならない。
- （法律により）雇用エージェンシーおよび地方自治体実施者（任意）を通じた担保貸付と結びついた，協議体への任務の公法上の移行が行われる。

　公法の形式として，ドイツ民法典第705条以降と関連して社会法典第10編第53条，第61条第2文に基づき，民法組合に準拠して，公法組合が組織されることが考慮される。この公法組合は，公法の法人ではないが，—民法組合のように—権利と義務の担い手となれる。

## 3．社会扶助と失業手当から求職者基礎保障への移行

　社会法典第2編第44条b第1項は，一つの雇用エージェンシーがある地区には，最低一つの共同体が設立されるのを想定している。共同体において協働している契約パートナーは，基本保障給付に対する給付決定公布，およびそのために必要なデータの把握に必要な詳細について合意する。両者は，知っている事実のうち他方の実施者の給付に重要である可能性のあるものは，すべて伝達し合う。設立契約が結ばれ発効したら，協議体は設立されている。

　2005年1月1日の求職者基礎保障給付発効までに協議体が設立されなかった場合，または地方自治体実施者がその任務遂行を協議体に移行しなかった場合，社会法典第2編第65条aおよび第65条bは，求職者基礎保障給付に必要な初回の認可決定公布，およびそのために必要なデータの把握を，次のように両実施者に配分するよう定めている。

　a）生活費保障のための給付における移行

　社会法典第2編第65条aは，地方自治体実施者が2005年1月1日より以前の生活費保障のための給付申請に対する初回の認可決定を下すよう定めている。対象者は，2004年10月1日から12月31日までの期間に，少なくとも1日は連邦社会扶助法による生活扶助──失業手当の補足も含む──を受給した者である。その他の場合にはすべて，雇用エージェンシーが認可決定を下す。

　他方の実施者が同意した場合には，初回の認可決定には他方の実施者の給付も含まれる。ここには，給付受給者の社会保険も含まれる。この初回の認可決定を下した実施者は

- 求職者基礎保障の実施者として責任を負う給付を認可する場合，自身の責任で行う。
- 他方の実施者が責任を負う給付を認可する場合，法律による委託に基づいて他方の実施者の名前で行う。

この初回の認可決定を下した給付主体は，他方の給付主体の社会保険を含む給付も支給し，他の給付主体と簡素化された手続きにより精算する。

この初回の認可決定の変更および中止は，社会法典第2編第6条，第6条aにより管轄権を持つ実施者が行う。他方の実施者は，初回の認可決定を下した実施者にその事を遅滞なく知らせ，この実施者が給付の支払いを中断するようにする。

初回の認可決定に対する異議はこれに応じて，
- 自身の名前で行う場合は，決定を下した実施者に申し立てる。
- 決定を下した実施者が法律による委託に基づいて，他の実施者が責任を負う給付を認可している場合は，代行された実施者に申し立てる。

法的救済指示は，状況に応じて与えるべきである。2005年1月1日より以前に下された決定は，社会法典第2編の給付法規則の発効により，先へ延ばされたと見なされる。これに応じて，異議の期限も最も早くて2005年1月1日以降にはじまる。ある実施者による初回の認可決定公布が他の実施者にも影響を与える場合には，同意の手続きが実施者の間で合意されるべきである。合意が成立しなかった場合には，意図された初回決定について，他の給付主体が通知を得てから，2週間以内に拒否を行わなければ，他の給付主体の同意が得られたものと見なされる。大量の手続きに関ることなので，法的安定性のために通知が届いていることが基準となる。期限の算定は，社会法典第10編第26条に基づく。他の実施者が同意を拒否する場合には，その実施者が実施者自体に責任のある給付を自ら認可し，支給する。

決まった日に，それぞれ多数の連続した申請について決定しなければならない状況を避けるために，初回の認可は個々のケースの状況を考慮して，3〜9ヶ月間実施される。

b) 再就労のための給付における移行

2005年1月1日より以前に始まった再就労対策は，2005年1月1日から長くとも2005年12月31日まで継ぎ目なく続行できるようにすべきである。したがって2004年連邦予算には，労働適応のための諸給付に対し，歳出権限が2005年に13億€含まれている。2004年7月30日付の通達により，連邦雇用エージェンシーは，連邦経済雇用省の提案に基づき，個々の雇用エージェンシーまたは地方自治体に，13億€の歳出権限のうち割り当て分を分配した。その際の分配基準は，一つは活性化すべき求職者基礎保障受給者の予想数，もう一つは地域の労働市場の問題となる状況である。この状況は，失業手当Ⅱ率，すなわち文民就業者数に対する活性化すべき扶助を必要とする者の人数の割合により，測定される。

社会扶助実施者は，2004年8月1日以降，管轄雇用エージェンシーまたは認可された地方自治体実施者に，その同意を得た上で，就労可能で扶助を必要とする者に対する労働適応給付を，2005年1月1日から最長で2005年12月31日まで続行するよう義務付けることができる。さらに社会扶助実施者は2004年8月1日以降，管轄雇用エージェンシーまたは認可された地方自治体実施者に，その同意を得た上で，労働扶助給付の支給についての第三者との取り決めを，2005年1月1日から最長で2005年12月31日まで続行するよう義務付けることができる。

同意の手続きは，実施者の間で取り決めることができる。そのような取り決めが実現しない場合には，雇用エージェンシーが対策続行を拒否しない限り，2週間経過後は同意が得られたものと見なされる。社会扶助実施者は雇用エージェンシーまたは認可された実施者に，決定または取り決めの証書を送付する。

c) データの把握と伝達

社会法典第2編第65条a第1項第3文前半により，他の給付主体も代表して初回決定を下した給付主体は，他の給付主体に遅滞なく給付決定証書および

申請書類すべてを送付する義務を負う。これにより他の給付主体は、その給付主体が責任を負う給付の認可および再認可に必要なデータを入手する。

以前の経過を知る必要のある場合には，社会法典第2編第65条dにより，雇用エージェンシーおよび地方自治体実施者は，失業手当または連邦社会扶助法による給付受給に基づいて生じた書類を，利用することができる。給付に対する申請書を提出し，基本保障給付を受給する見込みのある者，またはデータ伝達の時点ですでに受給している者の書類に限り，この義務が生じる。社会法典第2編第65条第1項第2文は補足的に，給付主体はすでに2004年8月1日からデータ収集を開始してもよい，と定めている。

### 4．第三者の動員

伝達手続きにおいて，社会法典第2編のための経過条令草稿第1条第3項の想定した可能性，すなわち州法の規則に基づいて連邦社会扶助法第96条第1項第2文により，連邦社会扶助法の任務遂行に市町村および市町村組合が郡の要請により動員されている場合，市町村および市町村組合が初回の認可決定を下すことができるという案は，採決されなかった。しかし，社会法典第2編第6条第1項第2文の枠内で，市町村および市町村組合が第三者として任務遂行の委託を受けることは考えられる。

### 5．2004年の行政費の引受

社会法典第2編第46条第1項は，給付が連邦雇用エージェンシーから支給される限り，連邦が求職者基礎保障の費用を行政費も含めて負担すると定めている。ここには，必要な準備対策の資金も含まれる（2004年の行政費）。連邦経済雇用省は連邦雇用エージェンシーのために，まず4億€を用意している。協議体において雇用エージェンシーと協働している地方自治体実施者は，給付に必要なデータ把握の詳細を，雇用エージェンシーと取り決める。

協議体をまだ設立していない，または任務を協議体に移行していない地方自

治体は，原則的に自治体が義務を負う給付支給にとって必要なデータを，自身の費用で把握しなくてはならない。このような法律状況がもとになってはいるが，連邦雇用エージェンシーが2004年に償還可能な行政費の部分を地方自治体に回し，その分だけ地方自治体の負担を軽減するのは，目的にかなう経済的である。たとえば地方自治体がすでに移行段階で，給付支給のためのIT方式A2LLを使用しており，それにともない雇用エージェンシーあるいは後の協議体が，再びデータを把握する負担を避けるのに役立つような場合が，ここでは当てはまる。したがって連邦雇用エージェンシーは，一定の前提条件下で行政費用の資金を地方自治体に回すことができる。

- すべての地方自治体実施者は2004年に，必要な説明書と申請用紙を無料で入手する。
- 地方自治体がそれぞれ管轄権のある雇用エージェンシーの代わりに，そのための講習を受けて任務を引き受け，その事について具体的な取り決めがなされている場合には，地方自治体職員に対する講習対策費も同様に，連邦雇用エージェンシーが負担する。
- 連邦雇用エージェンシーは，設立された，またはこれから設立される協議体の地方自治体実施者にA2LLのデータ把握に対し，相応の報酬を提供し，そうでなければ斡旋所に生じたであろうデータ把握の出費を防ぐ。地方自治体に生じた人件費および物件費に対し，A2LLに完全に把握された要扶助世帯1世帯あたり35.00€のケース包括額を支払う。A2LLが使用することができるようになった場合には，関心を持つ地方自治体にはIT講習の無料提供が用意される。一つの地方自治体につき職員2人まで，いわゆる「IT増大要員」として，無料で連邦雇用エージェンシー教育センターにおいて講習を受けることができる。対策費ならびに旅費，宿泊費は連邦雇用エージェンシーが負担する。その他の建築措置，賃料，職場設備などの分野における行政費は，現地に限り，すなわち雇用エージェンシーと地方自治体実施者

の具体的な給付についての取り決めがある場合にのみ，決定される。

## 6．枠づけとなる継続的諸条件

### a）法律外および法律上の協議体代表

協議体は法律上も法律外も，一人の代表者がこれを代表する。代表者および代理人の指名ならびに会員や協議体運営に対する両者の権限は，協議会設立時に実施者により定められる。通常代表者は，会員総会または組合員総会により選出される。会員総会は，契約パートナーの代表者により組織される。地方の労働政策および社会政治に関するグループの代表者をメンバーとする顧問会を，組織することができる。

### b）協議体の組織

社会法典第2編は，雇用エージェンシーが失業保険実施者として，ジョブセンターを職場または実習職場を探すすべての人々の共通窓口として設立することを，前提としている（社会法典第3編第9条第1項a）。ジョブセンターでこの人々は情報を手に入れ，アドバイスやケアの必要性を明らかにし，適応対策の第一歩を取り決める。失業保険諸給付の請求権のための前提条件を満たしておらず，したがって顧客センターに回された就労可能な扶助を必要とする者に対する再就労対策の第一歩は，規則に沿って協議体へ取り次ぐことである。協議体における手続きは，可能な限り契約の当事者が構成することができる。当事者はまた，協議体の経済的基盤についても決定する。社会法典第2編には，就労可能で扶助を必要とする者ならびにその者と共に要扶助世帯に生活する者にはすべて，個人的な相談員を指名すべきである，としか定められていない（社会法典第2編第14条第2項）。この個人的な相談員が，通例では再就労協定を結ぶ。

協議体は異議申し立てについても決定するのであるから，異議申し立て所が設立されなくてはならない。さらに調停所のための準備対策も行われなければ

ならない。

c）第三者の動員

地方自治体実施者は，州法の規則の枠内かつ社会法典第2編第6条第2項の枠内で，市町村および市町村組合を，地方自治体実施者が責任を負う任務遂行のために動員することができる。動員の詳細は協議体設立の取り決めにおいて，定められるべきである。

d）職員

職員獲得に対し，協議体の契約当事者が責任を持つ。協議体の行為能力のために，複数の法律上可能な構成形式のうちから，自発性に信頼を置く形式を選び出すのが，目的にかなっていると思われる。サービス委託契約は規則にしたがって，他の選択肢がない場合に限って考慮すべきであろう。

e）資金調達

連邦雇用エージェンシーが社会法典第2編により支給する給付のための資金は，連邦予算（個別予算09）に見積もられている。住居費に対し，資金は地方自治体予算に投入される。連邦の財政資金は連邦雇用エージェンシーが経営するために送られる。

連邦雇用エージェンシーは資金を―斡旋所が中心になって支給するのでない限り―協議体も使えるようにしなくてはならない。相応して，地方自治体の資金は協議体の自由になるようにしなくてはならない。連邦および地方自治体の予算に資金を投入するため，協議体自身の予算案は必要ではない。

活性化すべき統合給付に対し，2005年連邦予算の草稿には二つの予算費目が予定されている。

- 社会法典第2編による再就労給付のために計65.5億€
- 職員および行政のために33億€

この二つの予算費目はお互いに補填可能であり，長期失業者の再就労および世話のための予算合計96.5億€を形成する。それにより現地関係者，雇用エージェンシーならびに自由選択をした地方自治体に，適応措置の構成ならびに斡旋，ケアに際して，最大限の柔軟性をなおいっそう容認できる。

　連邦経済雇用省および労働市場職業研究所が共同開発した基準によれば，再就労給付資金は，比較的難しい労働市場状況にある地区—東ドイツであろうと西ドイツであろうと—が，平均以上に考慮されるように，雇用エージェンシーまたは郡と郡に属さない市に分配される。地区の問題度は，文民就業者数に対する活性化すべき扶助を必要とする者の予想数の割合（失業手当Ⅱ率）により，測定される。

　一方，職員と行政のための資金は，各郡および郡に属さない市の世話を必要とする要扶助世帯数により，分配される。この点について連邦経済雇用省の提案が，2004年8月13日付の通達により各州，地方自治体中央機関ならびに連邦雇用エージェンシーに伝達されている。連邦および州の会計検査院は，協議体の資金使途について審査権がある。

　f）売上税納税義務

　連邦財務省の見解によれば，各協議体の給付は—そもそもこれらの給付がこのように売上税課税対象となる場合だが—，売上税法第4条第15番に挙げられた他の施設，ならびに社会法典第2編による給付受給者に対し，地方自治体選択法に定められた売上税法第4条第15番の変更により，これらの給付が直接社会法典第2編による給付受給者の利益になる場合，互いに売上税課税対象とはならない。このことは，協議体に対し売上税法第4条第15番に挙げられた施設の給付にも当てはまる。しかし憲法規則によれば，売上税の実施と管轄に対し各州が責任を負うことを，指摘しておくべきであろう。したがって各地方自治体または地方自治体中央機関は，問題となっている給付の売上税の取り扱いに対する拘束力を持つ判定を，各管轄州税務署でしか得られない。

g）監督

協議体に対する監督は，連邦経済雇用省と協議の上，各州の最高管轄官庁が務める。協議体に移行された任務の専門的な遂行に関しては，協議体はそれぞれ給付実施者にとって基準となる監督を受ける。すなわち雇用エージェンシーの任務に関しては連邦経済雇用省の，地方自治体実施者の任務に関しては，州法により管轄を定められた部署の監督を受ける。

連邦雇用エージェンシーがこれによる給付を支給する限り，連邦経済雇用省が合法性の監督および合目的性の監督を行う（第47条第1項）。連邦経済雇用省は連邦雇用エージェンシーに指示を与え，連邦経済雇用省の見解に連邦雇用エージェンシーを従わせることができる。認可地方自治体実施者の監督は，管轄州官庁の義務である。

## V．第三者委託

双方の実施者は援助を得るために，第三者に任務遂行を委託することができる（社会法典第2編第17，18条）。たとえば福祉実施者，地方自治体雇用協会などが考えられる。州はさらに，動員するに当たり，郡がその郡に属する市町村または市町村組合を，社会法典第2編による任務実施のために動員し，指示を与えることができるかどうか，できるとすればどの程度までか，決定することができる。この場合郡は，異議申し立てに対する決定を出す（社会法典第2編第6条第2項第1文）。ベルリン，ブレーメンおよびハンブルクの各州は，求職者基礎保障に関する官署の管轄権についてのこの法律の規定を，州の特殊な行政構造に合わせて調整する権限がある（社会法典第2編第6条第3項）。

# 第 8 章
# 協力義務と法的指示

# A. 協力義務

　扶助を必要とする者，その雇用者・発注者，ならびに第三者には社会法典第2編第56条以下により協力義務が生じ，義務の中には不履行により損害賠償の義務が生じたり，秩序違反になるものもある。これらの規則は社会法典第1編（とりわけ社会法典第1編第60条以下）の義務全般を補足し，具体的に述べている。これらの規則は広範囲にわたり，従来すでに社会法典第3編により給付受給者に該当し，なお今後も該当する義務に基づいている。社会法典第4編第1条第2項により，社会法典第2編第95条以下（社会保険保険証，申請の管理）ならびに第18条fおよびgの規則（保険証番号）も該当する。

## I. 扶助を必要とする者の義務

　生活費保障のための給付を受給または申請した，就労可能で扶助を必要とする者には，次の協力義務が生じる。

### 1. 社会法典第1編第60条以下の一般協力義務

　扶助を必要とする者と要扶助世帯の構成員は，とくに以下の項目の義務を負う。

- 原則として給付にとって重要であり，質問用紙で尋ねられている事実をすべて申告する。
- 管轄給付主体の要請に応じて，第三者による必要な情報の提供に同意

を与える。

- 必要な証明手段（たとえば証明書）を指示し，管轄実施者の要請に応じて自分で提出，または提出に同意する。
- 給付にとって重要な，または給付に関して説明が付けられた状況における変更，とりわけ就労開始，就労可能状況（欄外番号615参照），出産手当または類似の給付ならびに年金の申請または受給，新しい住所，結婚および婚姻に類似したパートナーシップの開始または別離，所得および資産状況またはパートナーの所得および資産状況の変更，資産所得または税償還の流入について，遅滞なく，要請されることなく届け出る（連邦雇用エージェンシー説明書51ページ，ならびに失業手当Ⅱ申請用紙の付録ページ変更届参照）。意図的または過失により，経常的給付に対する請求権にとって重要である状況の変更を，正しく，完全に，しかるべき時に届け出る義務の不履行（社会法典第1編第60条第1項第1文第2番）は，社会法典第2編により秩序違反と判定され（5,000€以下の罰金，社会法典第2編第63条第1項第6番および第2項），さらに該当する決定は状況変更の時点から中止されることもある（社会法典第10編第48条第1項第2文第2番）。協力が欠ける場合には，社会法典第1編第66条第1項により給付の拒否または取り上げに至る場合もある。

**2．届出の一般義務**（社会法典第3編第309，310条に関連して社会法典第2編第59条以下）

- 特定の目的（職業アドバイス，実習または仕事の斡旋，能動的職業助成給付の準備，給付手続きにおける決定準備，請求権前提条件の存在審査も）のために雇用エージェンシーの要請に応じて，原則として決められた日の決められた時間に面談に来たり，または医学的心理的診察の日時に訪れる義務がある（類似の社会法典第3編309条と関連して社会法典第2編第56条）。

これは異議申し立て期間や裁判手続き中にも該当する。疾病時には実施者は，面談の要請を労働できる状態の一日目まで有効にすると定めることができる（社会法典第3編第309条第3項第3文，連邦雇用エージェンシー説明書50ページ参照）。扶助を必要とする者が，書面による法律効果の教示にもかかわらず，これらの義務のうち一つでも履行せず，それに対して重要な理由を証明しなければ，失業手当Ⅱは段階的に減額される（第1段階：10％，社会法典第2編第31条第2項および第3項）。このような結果を避けるためには，支障が起きたらすぐ届出がなされるべきである。
- 雇用エージェンシーの管轄がとりわけ転居により交代した場合，扶助を必要とするものは遅滞なく，今後の管轄雇用エージェンシーに届け出なくてはならない（社会法典第3編第310条に同じ；ここでは費用の引受に必要な確約を求めることも考えるべきである，欄外番号222以下参照）。

## 3．就労不可能時の届出義務

　就労不可能状態が発生した場合，ならびにその予想期間を遅滞なく，すなわち有責の躊躇なく，雇用エージェンシーに届け出（電話での届出でも済むように，形式は定められていない）て，雇用エージェンシーに医師の就労不可能状態とその予想期間についての証明書を，3暦日が過ぎないうちに提出する義務。雇用エージェンシーは，これよりも早い提出を求めることができる。就労不可能状態が長引く場合には，さらに証明書が必要である（社会法典第3編第311条に相応して社会法典第2編第56条）。連邦雇用エージェンシーによれば，回復した就労可能状態も遅滞なく届け出るべきである（連邦雇用エージェンシー説明書51ページ）。故意または重大な過失により届出義務を怠った場合には，給付認可は就労不可能状態の発生時までさかのぼって中止されることもある（社会法典第10編第48条第1項第2文第2番）。

### 4. 所得証明書の提出義務

　経常的金銭給付を申請した，または受給している扶助を必要とする者が，報酬を得てサービスや労働を提供する場合，扶助を必要とする者には，発注者に遅滞なく所定の所得証明発行用紙（欄外番号618参照）を提出する義務がある（社会法典第2編第58条第2項）。法律がここで対象とするのは──この点では同じ社会法典第3編第313条第2項のように──，サービスと労働の提供に限られている。したがって，被雇用者には提出義務が生じないことを前提にすべきである（該当することがわかった場合には，雇用者が用紙を注文しなければならない，欄外番号618参照）。故意または重大な過失による提出義務の不履行は，秩序違反である（2,000€以下の罰金，社会法典第2編第63条第1項第3番および第2項）。

## II．扶助を必要とする者の雇用者・発注者の義務

　扶助を必要とする者の雇用者は，雇用エージェンシーの要請に応じ，給付請求権についての決定にとって重要な可能性のある（査定ではなく）事実に関して，労働条件の終了と終了理由についての申告も含めて，情報を提供しなくてはならない（社会法典第2編第58条第2項）。ここで対象となるのは，社会法典第3編第312条による雇用証明書にも含まれている，たとえば仕事内容，労働報酬およびその他の金銭給付などの，広範囲にわたる申告である。この規則の対象は雇用者に限られているため，把握されるのは雇用関係のみであり，これに対してフリーの就労，またはその他の基盤に基づく仕事は把握されない。雇用エージェンシーは，所定用紙の使用を要請することができる。故意または重大な過失によるこの義務の不履行──情報提供の不履行ならびに不正または不完全な情報提供──は，損害賠償の義務を生じ（社会法典第2編第62条第2番），秩序違反である（2,000€以下の罰金，社会法典第2編第63条第1項第1番および第2項）。情報公開要請は，証明書の内容には束縛されない（レンス／ヘロルド＝テューズ，第57条，欄外番号6）。

　社会法典第2編の経常的金銭給付を受給する，または申請した扶助を必要と

第 8 章　協力義務と法的指示　215

する者を，対価を渡して雇用する（雇用者），または報酬と引き換えに自立したサービス・仕事を委託する者は，この扶助を必要とする者を，給付を申請または受給する期間の間，仕事の内容と期間，対価または報酬額について証明する義務を負う（所得証明，社会法典第 2 編第 58 条第 1 項）。証明書は遅滞なく発行し，（連邦雇用エージェンシーではなく）扶助を必要とする者に交付する。証明書には，雇用エージェンシーが定めた用紙を使用する。自営業者は，この用紙を発注者に遅滞なく提出する義務がある（欄外番号 616 参照）。被雇用者には，このような義務はない。平行する社会法典第 3 編第 313 条がそうであるように，相当する法律上の規定がないために，雇用者・発注者は，被雇用者・委託者が給付受給者であるかどうか，確認する義務を負わないことを前提とする。したがって雇用者・発注者は，被雇用者・委託者を個人的に知ってから，または委託者または連邦雇用エージェンシーが届ける用紙を見てから，積極的に関与することになるはずである。

故意または重大な過失による証明義務の不履行は，損害賠償請求権につながることもありうる（社会法典第 2 編第 62 条第 1 番）。さらに故意または重大な過失による証明義務または交付義務の不履行は秩序違反である（2,000 € 以下の罰金，社会法典第 2 編第 63 条第 1 項第 2 番および第 2 項）。

その上，社会法典第 2 編による給付を申請した，または受給している，受給していた扶助を必要とする者の雇用者，あるいは自営業の発注者は，任務の遂行に必要な場合には，要請に応じて雇用エージェンシーに営業簿，営業資料，証明資料，ならびに在宅労働者のリスト，対価リスト，対価証明資料を調べさせる義務を負う（社会法典第 2 編第 60 条第 5 項）。このことは，給付の申請者，受給者，または受給したことのある者，または第三者が資料を所有している場合も有効である（レンス／ヘロルド＝テューズ，第 60 条，欄外番号 9，10）。資料の引渡しならびに模写，複写は，文面によれば要請することができない。故意または重大な過失によるこの情報提供義務の不履行は，秩序違反である（2,000 € 以下の罰金，社会法典第 2 編第 63 条第 1 項第 5 番および第 2 項）。これに対して

社会法典第2編第62条による損害賠償の義務は，この項が「情報提供義務」の不履行を罰するに過ぎないため生じない。しかしここで対象となるのは「情報提供」ではなく，調べに対する許可である（社会法典第2編第63条第1項も第4番と第5番で，社会法典第2編第60条による情報提供義務と調べに対する許可を区別している）。

扶助を必要とする者の雇用者だけではなく，他者の雇用者にも該当する情報提供義務および協力義務については，欄外番号625参照のこと。

## Ⅲ. 第三者の義務

要扶助性審査と関連して，社会法典第2編による給付を受給している，または申請した扶助を必要とする者，またはこれらの者と関係のあるその他の者の所得状況，資産状況を顧慮して，特定の情報提供義務が第三者に対し生じる（社会法典第2編第60条）。定められている捜査権は，社会法典第10編第20条以下，第98条以下の一般規則を補足，または排除し，適切性の枠内に限り生じる。すなわち，個々の場合において重要な事実を明らかにするための捜査だけがなされるべきである。扶助を必要とする者自身が，優先的に捜査に引き出されなくてはならない。最後に，捜査はまた過大であってはならない。情報提供義務を負う者またはその身近な者に，秩序違反または犯罪行為により告訴される危険がある場合には，情報は提供されなくてもよい（社会法典第10編第98条第2項第2文，第99条第3文）。さらに情報保護法の規定が考慮されねばならない。個々の場合には，以下の内容が該当する。

扶助を必要とする者に，要扶助性審査の枠内で考慮すべき給付（たとえば生活費）を支給する者は，雇用エージェンシーの任務遂行に必要な場合には，要請に応じて雇用エージェンシーにこの点に関して情報を提供する義務を負う（任意給付または不明確な法的状況に基づく給付については社会法典第2編第60条第1項，給付義務のある場合は社会法典第2編第60条第2項）。扶養義務の確定は，ドイツ民法典第1605条第1項の情報提供義務に関連する。

扶助を必要とする者のパートナー（配偶者，人生パートナー）の所得と資産を給付に当たって考慮すべき場合には，必要ならばパートナーは要請に応じて，雇用エージェンシーにこの点について情報を提供する義務を負う（社会法典第3編第315条第5項第1番に基づいている社会法典第2編第60条第4項第1番）。

扶助を必要とする者の預金を預かっていたり，資産を保管したりする者（とくに金融機関ならびにすべての投資形式の保険）は，それについて，およびそれに関連する所得または資産について，必要な場合には情報を提供する義務を負う（社会法典第2編第60条第2項）。そのためには所定の用紙に記入する。扶助を必要とする者のパートナーの所得と資産を，給付に当たって考慮すべき場合には，この情報提供義務はパートナーの所得と資産にも適用される（社会法典第2編第60条第4項第2番）。該当者にはこの点に関して，補償請求権が認められる（社会法典第10編第21条第3項第4文）。

- 社会法典第2編による給付を受給している，または申請した者
- そのパートナー
- 扶助を必要とする者の給付支給義務を負う，またはその者の預金を預かっている，または資産を管理しているので，情報提供義務を負う者

を雇用する雇用者は，雇用エージェンシーの要請に応じて仕事，とりわけ労働対価について，必要な限り情報を提供する義務を負う（社会法典第2編第60条第3項）。

故意または重大な過失によるこれらすべての義務の不履行は，損害賠償の義務を生じ（社会法典第2編第60条第2番），秩序違反である（2,000€以下の罰金，社会法典第2編第63条第1項第4番および第2項）。

## IV．再就労給付における情報提供義務

再就労給付を支給したまたは支給している実施者はとくに，給付が正当に支給された，またはされているかどうか，そしてどの程度正当であるかについて解明するような事実について，雇用エージェンシーに遅滞なく情報を提供する

義務を負う．故意または重大な過失によるこの義務の不履行は，秩序違反である（2,000 €以下の罰金，社会法典第2編第63条第1項第4番および第2項）。さらに実施者は，給付にとって重要な変更事項を，遅滞なく雇用エージェンシーに伝達しなくてはならない。

適応対策参加者は，雇用エージェンシーに要請に応じて遅滞なく，適応成果についての情報，ならびに適正試験について，その他のすべての情報を提供し，対策実施者による成果の評価を認める義務を負う（社会法典第2編第61条第2項）。対策実施者は，参加者の評価を遅滞なく雇用エージェンシーに届け出なければならない。

## V．データ収集についての経過規定

失業保険金，遅い引揚者に対する社会統合扶助，または社会扶助を受給する扶助を必要とする者，ならびにこれらの者と要扶助世帯に生活している者について，必要な届出は実施者が2004年8月1日以降は収集することができる。そして遅くとも2004年10月1日以降は収集しなくてはならない（社会法典第2編第65条第1項）。

# B．裁判上の方法

従来の法的状況にしたがい，連邦雇用エージェンシーの雇用促進，およびその他の任務を含む機会における公法上の訴訟は，社会裁判権裁判所が決定していた（社会裁判所法旧版第51条第1項第4番）。社会扶助に関連する訴訟は，行政裁判権の管轄であった（行政裁判所法旧版第40条）。社会訴訟には社会扶助なども属しており，行政裁判所において特別な部が定められていた（行政裁判所法第188条）。ここで社会扶助という概念も，70年代半ばに共通の公共福祉保護の元来の概念と置き換えられて，包括的な意味で理解された。したがって社会扶助という専門分野には，連邦社会扶助法施行に由来する訴訟のほかに，た

とえば住宅手当法や難民資格取得者給付法の訴訟も含まれる（コップ／シェンケ，行政裁判所法，第188条欄外番号2）。失業手当と社会扶助の統合を顧慮して，初めから新しい給付に対する一本化された裁判上の方法が，政治議論の的となった。

## Ⅰ．行政裁判権の元来の統一管轄権

　政府諸派による労働市場における現代的サービス事業第4法草稿（連邦議会印刷物15/1516, 2003年9月5日付）は，社会法典第2編による求職者基礎保障に関する訴訟の，行政裁判所への割り振りを想定している。社会裁判所法連立党グループの草稿版第51条第1項第4番によれば，社会裁判権裁判所が，連邦雇用エージェンシーの雇用促進，およびその他の任務を含む機会における公法上の訴訟を，社会法典第2編による求職者基礎保障に関する訴訟を除いて，決定すべきである。その理由は，求職者基礎保障の受動的給付は，生活扶助や老齢および稼働能力減退における基本保障のように，需要に合わせた社会福祉給付だからである。最後に挙げた諸給付は，行政裁判所の管轄である。求職者基礎保障の受動的給付は，その本質的土台において連邦社会扶助法による生活扶助に基づいているので，事情が似ていることから，また相対する生活事情のための裁判の一本化を確実にするためにも，列挙されたすべての給付に対して同じ裁判上の方法が開かれなくてはならない。ここでは行政裁判所が考えられよう（社会裁判所法第51条第1項第4番の法律の明確な理由づけについては連邦議会印刷物15/1516, 75ページ）。

表：2003年9月5日付連立党グループの草稿による裁判上の方法に関する規定

| 給付 | 裁判上の方法 |
| --- | --- |
| 求職者基礎保障 | 行政裁判権 |
| 老齢および稼働能力減退における基本保障 | 行政裁判権 |
| 社会扶助 | 行政裁判権 |
| 法定年金保険 | 社会裁判権（社会裁判所法第51条第1項第1番） |

## II．行政裁判権と社会裁判権の分割された管轄権

しかし連邦参議院は，立法手続きの段階で，社会法典第2編による求職者基礎保障に関する訴訟を行政裁判所に分類したことに対し，懸念を表明した。連邦参議院は態度表明（連邦議会印刷物15/1638，12ページ）において，まさしく金銭給付請求権において裁判上の方法が交差している管轄権間の摩擦を避けるために，統一した公法上の裁判権の確立，補助的に従来の行政裁判権および社会裁判権から生じる今後の裁判権の確立に，意義が見出せないかどうか吟味するよう連邦政府に依頼した。連邦参議院は，想定された裁判上の方法の割り当ては，まだ是認できるという意見ではある。しかし連邦参議院は，新規定によって，本質的に同様な実情に対して異なった裁判上の方法が生み出されるのを懸念している。立法者はこの懸念を取り上げた。経済雇用委員会の決議の助言（連邦議会印刷物15/1728，2003年10月15日付）では，社会法典第2編による求職者基礎保障に関する訴訟の，行政裁判所への元来の分類は断念された。その後このような機会に対して，社会裁判権の管轄権が与えられている（社会裁判所法第51条第1項第4番）。

表：2003年10月15日付経済雇用委員会の決議の助言による裁判上の方法に関する規定

| 給付 | 裁判上の方法 |
| --- | --- |
| 求職者基礎保障 | 社会裁判権（社会裁判所法第51条第1項第4番） |
| 老齢および稼働能力減退における基本保障 | 行政裁判権 |
| 社会扶助 | 行政裁判権 |
| 法定年金保険 | 社会裁判権 |

## III．社会裁判権の最終的に統一された管轄権

求職者基礎保障給付に対する社会裁判権と，老齢および稼働能力減退における基本保障給付ならびに社会扶助給付に対する行政裁判権との，この食い違い

に対しても批判が起こった。求職者基礎保障給付を行政裁判所にという元来の分類にとって基準であった，法律の成立理由における考慮もひるがえされ，求職者基礎保障給付，老齢および稼働能力減退における基本保障給付，ならびに社会扶助給付に対して，統一された社会裁判権の管轄権が要請された。連邦参議院の調停手続きにおいて，これらの要請は取り上げられた。労働市場における現代的サービス事業のための第4法（連邦議会印刷物15/2259, 2003年12月16日付），および社会扶助法を社会法典に編入するための法律（連邦議会印刷物15/2260, 2003年12月16日付）に対する，両院協議会の決議の助言により，求職者基礎保障の機会，連邦雇用エージェンシーの雇用促進およびその他の任務を含む機会（社会裁判所法第51条第1項第4番），および社会扶助の機会（老齢および稼働能力減退に際して必要に応じた基本保障法が社会法典第12編第41条以下に引き継がれたことにより，老齢および稼働能力減退における基本保障給付もここに含まれる，社会裁判所法第51条第1項第6番a）においては，今後は社会裁判権裁判所が決定する。

表：2003年12月16日付両院協議会の決議の助言による裁判上の方法に関する規定

| 給付 | 裁判上の方法 |
| --- | --- |
| 求職者基礎保障 | 社会裁判権 |
| 老齢および稼働能力減退における基本保障 | 社会裁判権（社会裁判所法第51条第1項第6番a） |
| 社会扶助 | 社会裁判権（社会裁判所法第51条第1項第6番a） |
| 法定年金保険 | 社会裁判権 |

## Ⅳ．その他の規定の必要性とさらに進む法政策議論

　社会扶助の訴訟を社会裁判権に移したことは，激しい批判を受けた。社会扶助の訴訟および類似する法律分野に対する行政裁判所の管轄権は，そのままにしておいて，この管轄権が失業手当Ⅱに関連する手続きに対しても有効であると表明すべきであることくらい，立法者はよくわかっているはずだというもの

である（デッカー，社会扶助と社会法典のための雑誌／社会法典 2004 年, 259 ページ以下；ガイガー，新法律週刊誌 2004 年, 1,850 ページ以下）。庇護権の訴訟が大幅に減少したので，行政裁判権分野に生じた人的過剰処理能力という背景があったので，管轄の移行は専門家の多くにとって驚きであり，最近再燃した公法上の各裁判権の統一についての議論と関連付けられた（レデカー，新法律週刊誌 2004 年, 496 ページ以下；ブラント／フレック／シーア，社会保障 2004 年, 25 ページ以下；ロラー，ドイツ裁判官新聞 2004 年, 53 ページ以下；ムッツ／ステュー，被雇用者保険 2004 年, 89 ページ以下；両方の民法による裁判権の統一についての議論はデューヴェル，経営コンサルタント 2003 年, 2,745 ページ以下）。これらの懸念は，連邦政府が調停手続きにおいて 2003 年 12 月 19 日付で発表した，議定書表明に関連する。

「行政裁判権と社会裁判権の活用度の違いを各州で調整することができるように，連邦政府は―憲法上の審議を続けて行うことを条件として― 2004 年 6 月 30 日までに，次の項目を含んだ法律草稿を作成する。各州は行政裁判所および上級行政裁判所の特別な Spruchkörper を通して，社会裁判権を行使することを許可される。このように編成された別個の Spruchkörper には，社会裁判所法の裁判所構成法および手続き法の規則が適用される。」

議定書表明はこのように全般的に文章化されているが，何よりもまず求職者基礎保障および社会扶助の機会に対する，社会裁判権裁判所への管轄割り当てという事実関係に関連している。決議された両方の給付に対する社会裁判権の統一管轄権は，そうでなくても後退している行政裁判権裁判所の労働負担を，さらに減少させる結果を招く。逆に社会裁判権裁判所の負担は増えている。連邦法務省の算定によれば，ハルツⅣ法発効後，行政裁判権の負担は連邦平均で 15％減少する。これに対して社会裁判権における需要は，25％増える見込みである（チュプリース連邦法務大臣の 2004 年 5 月 5 日行政裁判官大会での発言，キュ

ーリングの引用，社会保障2004年，170，175ページ）。裁判官は限られた範囲でしか移動できないので，行政裁判権の裁判官―とりわけ社会扶助の機会に従事した裁判官―を社会裁判権に移動することによっては，必要な職員調整は短期的には確保できない。このような理由で，社会裁判権の任務を行政裁判所に遂行させる必要が出てくる。そのような柔軟な職員投入は，議定書表明の想定している諸州門戸開放条項により可能になる。

## 1．社会裁判所法変更第7法

この―求職者基礎保障および社会扶助の機会に限られた―法成立根拠と共に，2004年12月9日付社会裁判所法の変更第7法（7．SGG‐ÄndG）（連邦官報I 3,302ページ）が可決された。この法律の中心は，社会裁判所法第50条a第1文である。それによれば―2003年12月19日付連邦政府議定書表明にしたがって―，社会扶助および難民資格取得者給付法，ならびに求職者基礎保障の機会における社会裁判権は，行政裁判所および上級行政裁判所の特別なSpruchkörperにより遂行される，と州法により定めてもよい（合憲性についてはキューリング，社会保障2004年，170，174，177ページ参照）。

ここで行政裁判所の特別なSpruchkörperの管轄権は，2009年1月1日発効で（再び）想定されている社会裁判所法第50条aおよびその関連変更事項の削除により，時期的に2008年12月31日までに限られている。連邦政府は，両方の裁判上の方法の活用度の差は，人事経済上の措置により4年以内（つまり2005年から2008年まで）に調整できると見ている。

## 2．公法による各分野の裁判権の統合を巡る議論

さらに連邦政府議定書表明は，最近再燃した公法上の各裁判権の統一についての議論と関連付けられた。法務大臣の秋会議はすでに2003年11月に，統一された公法上の裁判権確立についての提言を，2004年6月までに仕上げるという課題を掲げて，連邦諸州研究チームを設立した。研究チームの最終報告に

基づいて，法務大臣たちは 2004 年 6 月 17〜18 日の第 75 回会議で，現在独立している社会裁判権，行政裁判権および財政裁判権の裁判所を統一する選択肢を，各州に与えることに賛意を表した。ここで統一できる裁判権も，二つに限られる。異なる分野の裁判所を統一することによって，裁判所により差のある負担を調整できるようになる（決議参照，新法律週刊誌 28/2004，31 ページ以下に掲載）。

この目的に向かって，バーデン＝ヴュルッテンベルク，ザクセン，ニーダーザクセンの各州は，2004 年 7 月に行政裁判権，社会裁判権，財政裁判権州裁判所統合のための連邦法開放法案を提出した（連邦議会印刷物 544/04，2004 年 7 月 2 日付）。法務大臣がこの統合にとって前提として必要であると考えている基本法の変更は，この別個の法案の対象である（バーデン＝ヴュルッテンベルク，ザクセン，ブレーメン，ニーダーザクセン，ザクセン＝アンハルトの諸州による基本法変更（第 92 条および第 108 条）のための法律申請，連邦議会印刷物 543/04，2004 年 7 月 2 日付）。公法上の裁判権の融合を巡って，法政策に関するこの議論がどういう結果になるか，今後が待たれる。仮にこの議論が 2003 年 12 月 19 日付連邦政府議定書表明と直接関係がなかったとしても，それにもかかわらずこのきっかけによってこの議論に大きな弾みがついた。このように社会裁判所法の変更第 7 法は，各裁判権統一のための「ささやかな解決法」とも考えられる。

# Literaturverzeichnis

*Adamy*, Das neue SGB II–Der Abstieg der Arbeitslosenhilfe in die Sozialhilfe, SozSich 2003, 285

*Albers*, Die Zusammenlegung von Arbeislosenhilfe und Sozialhilfe-wirksame Reform oder organisatorisches Fiasko, NdsVBl 2004, 118

*Ascheid/Preis/Schmidt*: „Kündigungsrecht", 2. Auflage, München 2004

*Bäcker/Koch*, Unterschiede zwischen künftigem Arbeitslosengeld II und bisheriger Arbeitslosen-und Sozialhilfe, SozSich 2004, 88

*Ders.*, Sozialhilfestreitigkeiten auf die Sozialgerichte, NJW 2004, S.1850ff

*Berlit*, Zusammenlegung von Arbeitslosen-und Sozialhilfe, info also 2003, 195

*Boecken*, Eigenverantwortlichkeit in der Sozialhilfe-Einführung einer Beweislastumkehr bei der Hilfe zur Arbeit, VSSR 2003, 45

*Brand/Fleck/Scheer*, Debatte um Zusammenlegung von Fachgerichtsbarkeiten: Abschaffung von Sozialgerichten würde Qualität der Rechtprechung gefährden, SozSich 2004, S.25ff.

*Brühl*, Mein Recht suf Sozialhilfe; mit Asylbewerber-und Grundsicherungsleistungen, 18. Auflage, München 2003

*Buestrich*, Arbeitsmarktpolitische Reformvorhaben an der Schnittstelle von SGB III und BSHG, NDV 2003, 9

*Chojetzki/Klönne*, Das Vierte Gesetz für moderne Dienstleistungen am Arbeitsmarkt aus Sicht der Rentenversicherung, DRV 2004, 513

*Conradis*, Die neue Sozialhilfe: Kuriositäten bei der Gesetzgebung zum SGH II und SGB XII, info also 2004, S.51ff.

*Decker*, Sozialhilfe in die Sozialgerichtsbarkeit, Gesetzgebung „im Blindflug nach Mitternacht"?, ZFSH/SGB 2004, S.259ff.

*Dünwell*, Arbeitsgerichtsbarkeit vor dem Aus?, BB 2003, S.2745ff.

*Geiger*, Verlagerung der Sozialhilfestreitigkeiten auf die Sozialgerichte, NJW 2004, 1850

*Eichendorfer*, Verträge in der Arbeitsverwaltung, SGb 2004, 203

*Fichtner/Wenzel (Herausgeber)*: Bundessozialhilfegesetz mit Asylbewerberleistungsgesgesetz und Grundsicherungsgesetz, 2. Auflage, München 2003

*Frick*, Arbeitslosenhilfe + Sozialhilfe = Arbeitslosengeld II, Gesundheits-und Sozialpolitik, 7–8/2003, 23

*Fuchs/Peters*, Neugestaltung von Sozialhilfe und Arbeitslosenhilfe, BWGZ 2003, 315

*Hauck-Noftz*, SGB II, Loseblattsammlung, Berlin

*Heller/Stosberg*, Das Dritte und das Vierte Gesetz für moderne Dienstleistungen am Arbeismarkt, DAngVers. 2004, 100

*Henreke*, Kommunen haben Entscheidung für alleinige Trägerschaft der Grundsicherung für Arbeitsuchende selbst in der Hand, Der Landkreis 2004, 3

*Hoehl*, Neuregelung bei Existenzgründerzuschuss („Ich-AG") und Überbrückungsgeld, NZS 2003, 635

*Hüttenbrink*, Fragen zur Sozialhilfe; Voraussetzungen und Umfang meines Rechts auf Sozialhilfe, 7. Auflage, München 2002

*Karasch*, was hat sich bei Arbeitsvermittlung geändert?, SozSich 2004, 2

*Derz*, Hartz-die Reformen gehen weiter, AiB 2004, 69

*Kopp/Schenke*, Verwaltungsgerichtsordnung, Kommentar, 13. Auflage, München 2003

*Krahmer*, Verfassungsrechtliche Bedenken gegen die Hartz-IV-Gesetze: Insbesondere das Beispiel des ungedeckten Bedarfs der Hilfe zum Lebensunterhalt bei nicht angespartem oder abhanden gekommenem Arbeitslosengeld II-zugleich ein Beitrag zu § 5 Abs.2 Satz 1 SGB II sowie zu § 21 Satz 1 SGB II, ZfF 7/2004, 178

*Kruse/Reinhard/Winkler*, Bundessozialhilfegesetz mit Asylbewerberleistungsgesetz; kommentar, München, 2002

*Kühling*, Spruchköper für Sozialrecht bei Verwaltungsegerichten-Zusammenlegung von Fachgerichten, Sind die Regierungspläne verfassungsgemäß?, SozSich 2004, 170

*Linhard/Adolph/Gröschel-Gundermann*, BSHG-kommentar, Losebatt, Jehle

*Linhard/Adolph/Gröschel-Gundermann*, „Bundessozialhilfegesetz mit Asylbewerber-leistungsgesetz, Kommentar", Loseblattsammlung,

*Löns/Herold-Tews*, SGB II, Grundsicherung für Arbeitsuchende, München, 2005

*Lühmann*, Verfassungswidrige Zusammenlegung von Arbeitslosen-und Sozialhilfe im SGB II?, DÖV 2004, 677

*Marburger*, SGB II-Grundsicherung für Arbeitsuchende, Regensburg 2004

*Marschner*, Gesetzliche Neuregelung im Arbeitsvermittlungsrecht zumo 1.1.2004, DB 2004, 380

*Ders.*, Die neue Grundsicherung für Arbeitsuchende nach dem SGB II, YKF 2004, 62

*Mayer*, Arbeitslosengeld II, AiB 2004, 73

*Mergler/Zink*, „Bundessozialhilfegesetz", Loseblattsammlung, Verlag kohlhammer, 4 Auflage, 2003

*Mrozynski*, Grundsicherung für Arbeitsuchende, im Alter, bei voller Erwerbsminderung und die Sozialhilfereform, ZFSH/SGB 2004, 198

*Mutz/Stoew*, Plädoyer für die Sozialgerichtsbarkeit, DAngVers. 2004, 89

*Münder*, Das SGB II -Die Grundsicherung für Arbeitsuchende, NJW 2004, 3209

*Münder*, Sozialgesetzbuch II, Lehr-und Praxiskommentar, Baden-Baden 2004

*Münder*, Grundsicherung für Arbeitsuchende (SGB II) -Chancen und Risiken für Kommunen, KommJur 2/2004, 4

*Oestreicher/Schelter/Kunz/Decker*, „Bundessozialhilfegesez mit Recht der Kriegsopferfürsorge und Asylbewerberleistungsgesetz", Loseblattsammlung, München

*Pfohl*, Zusammenführung von Arbeitslosen-und Sozialhilfe für Erwerbsfähige, ZfSH/SGB 2004, 167

*Redeker*, Vereinheitlichung der öffentlich-rechtlichen Gerichtsbarkeiten?, NJW 2004, 496

*Roller*, Aschied von der Sozialgerichtsbarkeit?, DriZ 2004, 53

*W. Schellhorn/H. Schellhorn*, Das Bundessozialhilfegestz, Kommentar, 16. Auflage, Neuwied 2002

*Schneider*, Wahlberechtigung zum Betriebsrat von Beschäftigten nach § 19 Abs.1 BSHG, AIB 2001, 226

*Schoch*, Sozialhile-Hilfe zum Lebensunterhalt, 2. Auflage, München 2003

*Schweiger*, Rechtliche Einordnung der durch das Job-AQTIV-Gesetz in das Arbeitsförderungsrecht eingefügten Eingliederungsvereinbarung (§ 35 Abs.4 SGB III n.F.), NZS 2002, 410

*Spellbrink*, Wandlungen im Recht der Arbeitsvermittlung-oder-Viel Lärm um wenig, SGb 2004, 75

*Spellbrink/Eicher*, Kasseler Handbuch des Arbeitsförderungsrechts, München 2003

*Ders.*, Dürfen Bezieher von Arbeitslosengeld II künftig vorzeitig in die Rente abgeschoben werden?, SozSich 2004, 165

*Spindler*, Das neue SGB II-Keine Grundsicherung für Arbeitsuchende, SozSich 2003, 338

*Tripp/Brunn-Tripp*, Das neue Arbeitslosengeld II, 2004

*Winkel*, Das Märchen der verbesserten Arbeitsanreize: Für ALG-II-Bezieher bleibt vom (Neben-) Verdienst kaum etwas übrig, SozSich 2004, S.218ff.

*Winkel*, Der neue Kinderzuschlag: Eine familienpolitische Seifenblase, SozSich 2004, 402

# 監訳者あとがき

　本書は，Steck/Kossens（2005）*Neuordnung von Arbeitslosen-und Sozialhilfe durch Hartz* Ⅳ. C.H. Beck. の全訳書である。編著者の B. Steck は経済労働省局長としてハルツⅣ改革の指導的立場にあったし，また M. Kossens は労働担当専門弁護士（博士）として活躍中である。私が本原書と出会ったのは，ドイツ留学中のときである。2005 年 2 月，本原書が出版されたので興奮しながら即入手したことを思い出している。なぜならば，研究上，ドイツの求職者基礎保障の仕組みと運用を解説するこのような原書の出版を待ち望んでいたからである。

　編著者が「はしがき」で述べているように，ドイツの今回の改革は「痛み」をともなう改革だけに厳しい批判と多くの論争をまき起こしていた。だが，本原書はそうした対立に照準を合わせたものではなく，2005 年 1 月に導入されたドイツの最低生活保障制度の主要な柱である求職者基礎保障の仕組みと運用をわかりやすく解明する目的で述べられている。個人的にドイツ最低生活保障制度を研究課題としていたので，本原書に出会ったのは幸運であり，その訳出は不可欠であった。

　ドイツの求職者基礎保障については本書で詳述されているので，ここでは最低生活保障制度のポイントを簡単にふれておきたい。わが国の最低生活保障制度は生活保護法であるが，それは性格の異なる対象を丸抱えし，制度運営のなかで就労可能な要保護者を事実上排除している。しかし，ドイツの新最低生活保障制度では，その対象を就労可能な要扶助者と就労不能な要扶助者に二区分し，いずれにも同額の最低生活保障を行い，しかも就労可能な要扶助者には就労支援を組織的に行うというものである。具体的には，従来の失業扶助とわが国の生活保護制度に当たる社会扶助を統合して，新たな給付＝「失業手当Ⅱ」を創設し，これを求職者基礎保障として社会法典第 2 編に組み込み，同時に社

会法典第12編を社会扶助として再編したのである。この結果，ドイツの最低生活保障制度は，社会法典第2編の求職者基礎保障と社会法典第12編の社会扶助で構成されることになった。

　以上で明らかなように，ドイツの最低生活保障制度は，単なる「受け皿」としてのセイフティーネットではなく，労働と生活を分離せず，生活の基礎は労働にあるという認識から構築されたシステムといってよい。制度改革，とりわけ最低生活保障制度の改革にあたっては，労働することの価値と意欲を高める改革の考え方と方向性を示すことが必要であるが，ドイツの求職者基礎保障制度研究はそのための一助になると思う。就労支援と最低生活保障制度との関連，雇用保障行政と最低生活保障制度との関連，あるいは最低生活保障制度のあり方や就労支援のあり方などについて，わが国に多くの示唆と教訓をもたらしてくれる。その意味でも，本原書を翻訳する意義がある。

　訳出は，まず監訳者が全体を下訳し，それを基に鹿児島国際大学大学院博士後期課程の演習「特別研究」に参加している院生とともに本原書を輪読しながら行うことにした。訳語の統一，言い回しなどはその都度演習の中で協議して決めたが，調整と統一を念入りにするため，最終的には分担を決め整理することにした。さらに万全を期するため，デュッセルドルフ大学現代日本研究科の島田信吾教授に高閲していただいた。もちろん，訳出上の責任は監訳者にある。

　最後になったが，本書を出版するにあたっては多くの方々にお世話になった。まずは翻訳許可願を承諾してくれた原書編著者と出版社に感謝申し上げたい。また，ご多忙にもかかわらず高閲していただきました島田信吾教授には大変お世話になった。予定どおりに進まない翻訳原稿の仕上げ作業を，辛抱強く待ってくださった学文社社長の田中千津子氏をはじめ編集担当の方々にも心からお礼を申し上げたい。

　2009年5月29日

　　　　　　　　　　　　　　　　　　　　　　　　　　田畑　洋一

# 索　引

**あ　行**

斡旋　29
斡旋券　29
委譲返還請求　159
一般協力義務　211
移動扶助　29

**か　行**

介護保険　16
解約返戻金　168
家具　158, 163
学資保険　160
貸付　48
貸付返済　97
家族非常共同体　49
活用され得ない資産　149
稼働能力（の）完全減退　38, 40
稼働能力の査定　40
貨幣価値のある給付　180
管轄　194
基礎控除額　160
基礎保障　38
基礎保障給付　14, 16
期待可能性　51
基本法　62
義務的給付　116
求職者基礎保障給付　27, 33, 34, 37, 38, 56, 60
給付協定見本　132
給付請求権　214
協議体　199
行政裁判権と社会裁判権の分割された管轄権　220
行政裁判権の元来の統一管轄権　219
共同調停機関　40, 41
協力義務　211
金銭に対する債権　158
経済性と倹約性の原則　113
ケースマネージャー　22, 23
血族あるいは姻族の所得　49
減額期間　184
健康保険　16
現物給付の補足　180
故意に所得や資産を減らした者　185
公益性の規定　123
控除項目　160
考慮されない資産　163
考慮されない所得　144
個人相談担当者　22, 23
子どもの所得および資産　47
雇用エージェンシー　40
雇用関係のない臨時労働　127

**さ　行**

債権　159
再就労給付　28
　　――における情報提供義務　217
再就労協定　111
再就労補助金　29
裁判上の方法　218
債務者相談　118
裁量給付　23, 170
自己の能力および資力　45
資産概念　158
資産の換価可能性　159

失業者雇用対策　29, 120
失業手当Ⅱ　13, 17, 27, 28, 30-34, 40, 56, 59
失業手当Ⅱの減額と停止　177
失業手当Ⅱ受給者の社会保障　187
失業扶助　13, 18
実施者の立場と任務に対する責任　196
疾病休業補償金　189
児童加算　33, 46
自動車　163
児童貯金通帳　16
児童手当　50
社会介護保険　33
社会裁判権の最終的に統一された管轄権　220
社会手当　17, 30, 34, 56, 58, 59
　――の減額と停止　185
社会手当受給者の保障　192
社会統合扶助給付　74
社会扶助　13
社会扶助法　36, 38
社会法典第2編　13
社会法典第3編　17
就労時の諸控除　171
就業手当　170
住居と暖房の費用　77
住居費および暖房費　31
住宅拘束法　81
住宅手当　77
重要な理由　183
就労受入可能　26
就労受入不可能　20, 25, 26
就労可能　20
就労可能性　21, 38, 41, 44
就労可能で扶助を必要とする者　13
就労手当　32

就労同意書　14, 23
就労不可能時の届出義務　213
就労要求可能　51
就労要求可能性　16, 17, 18, 25
就労要求不可能　51
受動的金銭給付　15
需要査定　28
障害者が適切な学校教育のための扶助　74
障害者に対する増加需要　76
障害者の労働生活参加の助成　29
奨励　24
奨励システム　170
職業安定所　18
職業発展教育の助成　29
諸州門戸解放条項　223
助成　14, 22
　――と要請の原則　25
　――の原則　110
所得算入　172
所得証明書の提出義務　214
所得と資産の算入　18
所得と資産の区分　140
所得より控除すべき項目　150
心理社会的なケア　119
水平算出　109
数日にわたる学校旅行　92
生活費扶助　59
生活費保障給付　29, 56-58, 68
請求権の移転　136
制裁　25, 176
世帯　36
設立合意　201
世話給付　118
選択地方自治体　197
増加需要　70
増加需要給付　32

増加需要事実構成要件　70
増加費用ヴァージョン　122
増加費用の補償　124
装飾品　158
組織適応対策　29
その他の規定の必要性とさらに進む法政
　　策議論　221
その他の重大な理由　54
その他の適切な活動のための教育扶助
　　74
損害賠償（の）義務　112, 211

## た 行

第三者委託　210
第三者の義務　216
暖房のための給付　83
地益権　159
秩序違反　211
地方自治体　197
地方自治体実施選択肢法　16
地方自治体自由選択法　195
中毒に関する相談　119
調停機関手続き政令　41
追加的労働　124
通常基準　27, 30, 32, 60
通常給付　30, 32, 60, 62, 63
通常給付額　68
適応措置　18
特別な苛酷さ　38, 48, 166
届出の一般義務　212
トレーニング措置への参加　29

## な 行

難民資格取得者給付法　20, 34
能動的適応給付　15

## は 行

パートナーの所得および資産　47
ハルツⅣ　13, 16, 17, 19, 20
不可避の需要　96
福祉事務所　18
扶助必要性　19, 21, 29, 46
　　――消滅時の貸付　130
扶助を必要とする者の義務　211
扶助を必要とする者の雇用者・発注者の
　　義務　214
不動産　164
兵役召集　113
返還請求　159
法定介護保険　190
法定健康保険　33, 187
法定年金保険　16, 191
保険加入義務免除の場合の保険料補助金
　　192
保険保護の開始　188
保険保護の終了　189
補償ヴァージョン　121

## ま 行

民間社会福祉事業　147
民法組合　201
面接に関する必要経費および旅費の支給
　　29

## や 行

有価証券　159
用益権　159
要請　14, 22
要扶助世帯　13, 21, 22, 31, 34-36, 46,
　　47

## ら　行

リースター制度　　17
リースター年金　　27, 152
立証責任転換　　14, 25, 55, 183
流通価格　　168
流入理論　　141
臨時労働　　179
連邦雇用エージェンシー　　15, 197
連邦児童手当法　　33
　　——による児童加算　　105
連邦奨学資金法　　37

連絡義務の不履行　　179
労働機会の斡旋　　125
労働許可法　　20, 34, 39
労働再編入のための給付　　56
労働生活参加助成　　23
労働生活参加補助給付　　74
労働適応給付　　28
労働適応措置　　51
浪費的な態度　　181
老齢基礎保障給付　　36
老齢年金　　37

## 訳者紹介

田畑　洋一（鹿児島国際大学大学院教授）はしがき，第1章，第2章，第3章

大山　朝子（鹿児島国際大学大学院博士後期課程）第4章，第6章

山下利恵子（鹿児島国際大学大学院博士後期課程）第5章，第7章

勝　　智樹（鹿児島国際大学大学院博士後期課程）第8章

## 監訳者紹介

**田畑　洋一**（たばた　よういち）
1945年鹿児島県生まれ
東北大学大学院文学研究科人間科学専攻博士後期課程修了
博士（文学）

西九州大学助教授を経て，現在鹿児島国際大学福祉社会学部教授
独マルティン・ルター大学社会人類学研究所客員教授（2004年9月～2005年8月）
公的扶助論，社会保障論担当

主要著書　『現代公的扶助論』（編著　学文社　2006年）
　　　　　『現代社会保障論』（編著　学文社　2004年）
　　　　　『現代社会福祉概説』（編著　中央法規　2004年）
　　　　　『公的扶助論（第3版）』（単著　学文社　2003年）
　　　　　『現代社会福祉概論』（編著　学文社　2001年）
　　　　　『現代公的扶助法論』（分担執筆　法律文化社　1997年）
　　　　　『分権時代の経済と福祉』（分担執筆　日本経済評論社　1996年）

---

ドイツの求職者基礎保障―ハルツIVによる制度の仕組みと運用―

2009年8月10日　第1版第1刷発行

編著者　B.シュテック
　　　　M.コッセンス
監訳者　田畑　洋一
発行者　田中　千津子

発行所　〒153-0064　東京都目黒区下目黒3-6-1
　　　　☎ 03(3715)1501　FAX 03(3715)2012
　　　　振替　00130-9-98842

株式会社　学文社

検印省略
ISBN 978-4-7620-1980-7

©2009 TABATA Yoichi Printed in Japan
印刷／新灯印刷株式会社